KB210979

수맥 네비게이션

Geopathic Stress Navigation

글 송재승

추 천 사

송재승 박사를 강산이 두 번이나 바뀐 정말 오래전에 대학강의실에서 스승과 제자로 첫 인연을 맺게 되었다. 나는 건축 관련 과목을 강의하는데 가끔 건축과 관련하여 풍수지리와 수맥과 건강 그리고 역학(易學) 등, 자연과학에 대한 언급을 했었다. 그때 유난히도 이 분야에 많은 질문을 했던 호기심과 학구열이 많았던 학생으로 기억하고 있다. 그 후 나는 일반인을 대상으로 "풍수지리와 건축" 및 "수맥탐사 전문가 과정"을 개설하여 강의를 시작하였는데, 바로 그때 지금의 송재승 박사가 제자 1호가 되었던 그런 깊은 인연이 있다.

일반적으로 수맥을 찾는 방법으로 여러 기구를 가지고 현장에서 직접 찾는 방법이 있고, 나중에는 이러한 공부가 오랜 시간과 경험이 쌓이게 되면, 지도를 가지고 에너지(氣)와 수맥을 감지하는 방법, 사진 또는 사람을 보고, 현재 사는 장소가 에너지(氣)는 좋은지? 수맥은 어떻게 지나가는지? 더 깊숙이 들어가면 수맥의 방향, 깊이, 크기 등을 감지하는ESP(Extrasensory Perception초감각적 지각) 탐사법을 사용한다.

이에스피 탐사법은 오랜 경험과 본인의 감지능력을 반복적으로 개발해야 가능한 방법인데, 수많은 제자 중 송재승 박사처럼 탁월하게 이러한 감지능력(氣感)을 가지고 있는 사람은 거의 없었던 것 같다.

한가지 일화를 소개하면, 논에 관정을 파서 큰 물줄기를 원했던 의뢰자가 있었는데, 내가 정한 장소와 송박사가 정한 장소가 서로 다르게 나왔다. 결국 내가 정한 장소에서는 물이 나오지 않았고, 송박사가 감지한 장소에서 의뢰자가 원하는 만큼의 큰물이 나왔던 적이 있었다. 이때부터 나는 선생의 능력보다 더 뛰어난 기감을 가진 제자가 있다는 것을 처음으로 인정한 특별한 제자이기도 하다.

 이뿐 아니라 그는 중견 건설회사를 운영하는 CEO로, 국립대학에서 학생들을 가르치는 교수로서, 국제기능올림픽대회 한국위원회에서 국제심사위원으로도 오랜 시간 해당 분야 전문가로 활동 하고 있다. 여러 분야에 다재다능하게 항상 최선을 다해 성실하게 살아가는 그의 모습을 보면, 정말 닮고 싶은 나의 선생 같은 제자이다.

 오랜 시간 동안 수맥 분야에 쌓아놓은 지식과 경험들을 책으로 발간한다는 말을 들으니, 너무도 자랑스럽고 또한 그동안의 노고에 아낌없는 찬사를 보내드린다. 아무쪼록 오랜 시간 동안 심혈을 기울였던 소중한 기록이 담긴 이 책 한 권이 많은 사람에게 도움이 될 수 있기를 바란다.

 자신의 특별한 능력을 재능기부를 통하여 여러 사람을 곤경에서 벗어나도록 시간을 내는 송박사의 선한 영향력에 감사드린다.

2024년 7월
건축공학 박사 김연동

추 천 사

　원양건설(주) 송재승 대표는 건축시설물의 완성을 이루는 건축마감 및 방수전문의 엔지니어이며 사업체를 운영하는 전문경영자이다.

　나는 충남대학교 대학원에서 송재승 대표가 방수공법의 공학적 실증 평가와 시공학적 적용방법에 대한 박사논문을 지도한 인연이 있다. 문제를 해결하고자 하는 고민과 노력의 모든 끝은 서로 맞닿아 있다고 했던가? 송재승 대표는 공학자로서 기술자로서 경영인으로서의 과정을 꾸준하고도 성실하게 수행해왔던 것을 지켜봐 오게 되었다.

　당시 박사과정 동안 외국인 초빙교수인 미야우치 히로유키 일본인 교수에게 건축외피와 방수공학에 대해 지도를 받았다. 본인이 개발한 방수공법을 더 효과적으로 개선하고 완성도를 높이고자 하는 학문적 노력으로 지속가능한 방수공법의 체계를 더욱 확장하였다.

　실용중심의 공학자와 현장기술자, 기업을 운영하는 경영인으로서 방수 마감 공종분야의 최고 경지에 이르렀다고 인정된다. 오래 쌓아온 경험과 지혜를 바탕으로 사람을 더 이롭게 하고 사회에 공헌하고자 하는 궁극적인 목표에 이르게 된 것 같다.

　건축시설물의 장기 내구성에 있어 물의 작용을 지혜롭게 분석하고 흐름의 이치를 깨달아야 한다. 치산치수(治山治水)의 원리는 토목환경 뿐만 아니라 건축시설물에도 해당된다. 물(지하수, 우수, 결빙수 등)의 작용은 건축물의 안팎에서 물리, 화학적 반응을 하는 과정에서 다양한 현상으로 나타나게 된다.

 물의 작용이 건축물에 미치는 다양한 영향에 관한 방수공학에 공학박사의 관점이지만 독특하게 송재승 대표는 수맥 분야에 관심이 많았다. 서양에서는 수맥(Geopathic Stress지질학적 스트레스)에 대해 연구자료가 많이 축적된 것으로 안다. 그러나 국내에서는 다소 비과학적이라거나 미신적인 요소로 폄하받고 있는 분야인 수맥에 대해 25년 넘게 연구하여 학문적 위상을 세운 한편 수백 건의 사례를 구축했다니 대단하다고 생각한다.

 송재승 대표가 박사 과정 중일 때도 대학원 사무실과 강의실에 수맥이 흐르는 지 체크를 받았다. 사실 내가 미국에 교환교수로 1년간 머물던 숙소도 송재승 대표에게 원격으로 컨설팅을 받았다. 내가 잘 모르는 분야이지만 송재승 대표 덕분에 수맥이 흐르는 자리는 피하고 좋은 자리에서 시간을 보내다니 행운이라고 생각한다.

 온화한 성품과 겸손함이 공감과 배려로서 더욱 빛나는 송재승 대표는 평소에도 후학 양성과 지역사회 발전에 열심히 활동한 터인지라 이번 출판된 도서가 유익한 내용이라 기대된다.

2024년 7월
충남대학교 건축공학과 교수 김규용

추 천 사

송재승 대표를 알게 된 것은 2009년입니다.
제가 전문건설협회 대전시회 임원을 하면서 처음 만났습니다. 다부진 체격, 스포츠 머리, 구리빛 얼굴에 강직해 보이는 인상에 조금은 놀랐던 기억이 납니다. 하지만 예의 바르고 차분한 성품, 끊임없는 학구열, 조용하지만 깊이 있는 행동들을 보면서 송재승 대표에게 빠져들 수밖에 없었습니다.

가까이에서 오랜 시간을 함께 하면서 송대표가 살아왔던 지난 날들을 들을 기회가 있었는데, 저런 시련 속에서도 버티고 본인의 길을 찾아 온전히 지날 수 있는 사람이 몇이나 될지 한참을 생각한 적이 있습니다.

아버님이 일찍 돌아가시면서 사업체가 넘어가고 극심한 가난과 고통 속에서 할아버지 할머니 홀로 되신 어머님과 동생을 돌보면서 성장했다고 합니다. 사업체를 되찾아 오기까지 십수 년동안 본인의 길을 잃지 않고 성장했고, 바쁜 시간을 쪼개 본인 사업과 관련된 건축분야에서 박사학위를 취득했습니다. 방수 분야에서 여러 가지 특허 기술도 직접 개발했습니다. 학문과 기술력을 인정받아 국제기능올림픽 건축 분야 지도위원과 국제심사위원을 14년 동안 한 것으로 알고 있습니다.

국제기능올림픽 지도위원으로 우리나라를 대표할 기능인을 양성하고 훈련시키는 중요한 역할입니다. 기능 분야의 국가대표를 양성하는 일입니다. 하지만 본인의 입장에서는 고통스러운 일일 수밖에 없습니다. 합숙훈련과 장거리 출장을 1년에 수십 일을 다녀야 하지만 차 기름값을 간신히 면할 정도의 수고비 밖에 나오지 않습니다.

몸을 혹사한 탓인지 심각한 병을 얻은 때에도 본인 사비를 털어가면서 일 년에 몇 달씩 피곤한 몸을 이끌고 다녔습니다. 사업적으로만 보면 도저히 이해할 수 없는 행동이지만, 인적 자원이 없는 우리나라는 기술력이 중요하다며 그 고통을 십수 년째 자처하고 있습니다. 그런 와중에도 매일 아침마다 어머님을 20년 넘게 수영장에 모셔다 드릴 정도로 효심이 깊은 사람입니다. 어머님을 이야기 할 때마다 입가에 미소가 번지는 사람입니다.

송재승 대표와 오랜 시간 가까이 지내면서 느낀 것은 비록 저보다 나이는 어리지만 그와 지냈던 시간들이 영광일 정도로 소중하고, 훌륭한 시간들로 다가온다는 점입니다.

꿈과 열정, 주변 모두에게 긍정적인 영향을 미치고 있는 송재승 대표의 앞날에 항상 힘찬 응원과 격려의 박수를 보냅니다.

2024년 7월
대한전문건설협회 대전광역시회 회장 김양수

수맥 네비게이션

01
수맥과 나의 이야기

"하늘이 내려준 천사인 아내가
자신의 결정으로 선선히 신장 하나를 내어 주어서
나는 다시 새로운 삶을 선물 받았다"

수맥과 관련해서 나의 이야기를 하려고 한다. 그러려면 나의 성장 과정과 집터에 관한 이야기를 먼저 해야 할 것 같다. 할아버지와 할머니를 모시고 사는 대가족이었다. 1998년부터 수맥 공부를 시작했는데 우리 가족이 거주하는 삼성동 집은 심각하게 터가 안 좋다는 것을 알고 있었다. 그래도 얼른 빠져나올 수가 없었다.

나의 행동과 말로 다른 사람들에게 영감을 줄 수 있다. 나는 긍정적이고 낙관적인 태도로 나의 시간과 재능을 나누고, 세상을 더 나은 곳으로 만들 수 있도록 노력하고 있다.

1. 살아 남다

나는 1970년 음력 8월13일 충북 보은군 회남면 계며울 106번지에서 2형제 중 장남으로 태어났다. 회남 초등학교를 졸업하기 전 어부동 다리가 생기기 전에 사저울을 건너는 배가 있었다. 충북과 대전을 연결하는 가교로 버스나 사람을 옮기는 역할을 했다. 1980년 4학년 1학기를 마치고 대전으로 이주한 이유는 대청댐 건설로 살고 있던 고향이 수몰됐기 때문이다.

우리 가족은 이주비용을 받고 대전 동구 삼성동으로 이사를 왔다. 5남2녀 중 장남인 아버지는 건축일에 종사하셨고 어머니와 할아버지 할머니 동생과 함께 다 같이 살았다. 그전에도 가끔 대전에 나왔지만 도시에 대한 동경은 없었다. 나는 현암초등학교로 전학했다. 거기서 40여 년을 살게 되었다.

1988년도 내가 고등학교 3학년 때 아버지가 돌아가셨다. 아버지는 작은아버지들과 사업을 같이 하셨는데 47세에 큰 사고로 유명을 달리 하셨다.

아버지가 오정동 가스충전소 건너편 목욕탕 물탱크 안에 들어가서 방수 공사를 하던 중이었다. 아스팔트 프라이어 작업을 하던 중 가스가 차니까 탱크 안에서 인부들이 일을 진행하지 못하는 상태가 되었다. 책임자였던 아버지는 인부들을 모두 바깥으로 내보낸 뒤 내부의 가스를 밖으로 내보내려는 목적으로 대형 선풍기를 밖에서 안쪽으로 직접 가지고 들어갔다. 선풍기를 켜자마자 모터에서 불꽃이 튀기면서 목욕탕 물탱크 안에서 그만 큰 화상을 입고 운명을 달리 하셨다.

그때 일을 생각하면 눈에 선하다. 나는 동생과 거실에서 큰 상을 펴 놓고 방학 숙제를 하고 있었는데 폭발 소리가 얼마나 크던지 우리 집까지 들렸다. 잠시 후 사무실에서 연락이 와서 아버지가 돌아가셨다는 비보를 들었다. 아버지가 돌아가신 시점이 여름방학이던 8월 17일 오전이었다. 아버지가 돌아가시면서 나의 모든 꿈이 산산조각 나고 좌절되고 말았다.

나의 조그만 꿈은 중학교 때 시작되었다. 막내 작은아버지가 은행원으로 근무하시면서 나도 은행원이 되고 싶다는 꿈을 키웠다. 그래서 작은아버지가 다니셨던 지금은 중앙고등학교 전신인 충남상업고등학교에 진학하였다. 나는 당장 소년가장이 되어서 먹고 살아야 할 무거운 책임감을 훈장처럼 짊어졌다. 당시에 상업고등학교나 공업고등학교는 졸업하기 전부터 조금 일찍 사회에 나와서 취업 할 수 있는 제도가 있었다.

나는 3학년 2학기 실습 기간인 10월 초에 건설현장으로 나왔다. 방수 전문가였던 넷째 작은아버지 밑에서 일을 배우기 시작했다. 직접 현장에 투입되어서 방수 작업을 하나씩 배웠다.

성품이 인자하셨던 아버지는 나의 우상이었다. 때로는 엄하셨지
만 아버지의 존재가 커다란 산과 같았다. 어머니는 42세에 홀로 되
셔서 남겨진 시부모님과 우리 두 형제를 키우느라 많이 힘드셨다.
아버지가 돌아가신 지 4년 후에 할머니가 그리고 12년 후인 2000
년도에 할아버지 마저 돌아가셨다.

어머니(최일례)는 1946년생으로 평택이 고향으로 여기저기 돌아
서 대전에 사시다가 아버지를 만나서 이모할머니와 외할머니의 중
매로 아버지(송제헌)를 만나서 결혼하셨다. 아버지는 농사를 지으
시다 고향이 수몰되어 대전으로 이사 나왔을 때 건설현장에서 일
을 하시다가 삼촌들과 같이 힘을 합해서 벌어먹자고 의기 투합 하
셨다.

내가 중학교 다닐 때였으니 80년대 초반 쯤 아버지 형제 4명이 합
쳐서 「삼일건설」 회사를 차리고 아버지가 대표로서 투자를 많이 하
였다. 형제들이 다 잘되기 위해서 의리를 모으던 시절이었다. 갑작
스럽게 아버지가 돌아가시고 나는 아버지의 투자 지분에서 내가
성장할 때까지 50만 원씩 한 달에 이자 식으로 받다가 군대 제대하

고 아버지 투자 지분을 정산을 받았다.

현재 작은아버지들께서는 모두 은퇴하셨다. 막내 작은아버지는 하나은행 유성지점장으로 정년하신 후 타일을 개인적으로 배우시더니 현재도 타일 분야에서 현역으로 열심히 일을 하고 계신다.

나는 1989년도에 고등학교 졸업장을 받고서도 계속 방수 일을 배웠다. 1990년도에 신체검사 현역 2급을 판정을 받았다. 당시 계룡대에 육군본부(공군본부) 산하 모든 군대가 이전할 때로 69년도~72년도까지 군에 지원하지 않은 대상은 차출 되었다. 그래서 나는 단기사병(방위)으로 공군본부 수송처에서 훈련소 1개월 포함 18개월간 근무하고 만기 전역했다.

전역하고 다시 작은아버지 밑으로 들어가서 일을 계속 배웠는데 일이 적성에 잘 맞았다. 현장에 나와 보니 건축 쪽에 흥미가 생겨서 이 분야 최고가 되겠다는 꿈이 생겼다. 1996년 사랑하는 아내 이혜숙과 함께 어머니 집에서 할아버지, 동생과 큰딸 유진이하고 살기 시작하였다. 1997년도 한밭대학교 건축공학과 주간에 특별전

형으로 3명이 배정되었는데 합격하여 학교를 다니게 되었다. 1학년 1학기 때에는 어찌어찌 마쳤고, 4월13일 같은 해에 결혼을 했다.

주간 학생으로 학교를 1학기 다니다 보니 IMF 사태가 발생해서 경제적으로 가장 어려울 때라서 너무 먹고 사는 게 어려워 1학년 2학기 때 야간으로 옮겼다. 3학년까지 다니다가 한 해 휴학하고 2001년도 4학년에 복학해서 졸업했다.

제대 후 넷째 작은아버지 밑에서 일을 하고 있었다. 1993년도에 공주 이인초등학교에서 방수일을 하다가 사고를 당해 무릎 인대를 크게 다쳐서 용전동 금강병원에 1달 동안 깁스를 하고 입원 치료를 받았다. 1994년도에 셋째 작은아버지가 내 명의로 「(유)한국산업」(법인) 회사를 냈다. 내내 같은 방수 분야 전문건설 업종이었다. 그동안은 둘째 작은아버지와 함께 삼일건설(주)로 사업을 하시다가 독립을 했다.

그렇게 나는 한국산업 소속으로 일하다가 1999년도에 회사를 그만두었다. IMF 여파로 회사가 어려워 직원들의 월급이 많이 밀리고 해서 나는 다른 직원들의 월급을 챙겨주시라고 자진해서 퇴사했다. 그해 8월에 1994년도에 업종을 시작한 원양건설(주) 양태일 사장님을 찾아가 1년간 같이 일하다가 2000년도에 원양건설을 인수했다.

마침 사장님이 회사를 정리하려고 작정하던 중이라 양도 의사를 밝히셨기에 내가 인수했다. 세 번에 나누어서 인수금을 드렸다. 7월, 추석, 연말에 걸쳐서 인수 했는데 지금 생각해보면 그때는 정말 겁이 없었던 것 같다. 지금은 하라고 해도 못할 것이다.

인수 당시 원양건설은 민간공사 위주의 미장 공사를 주로 하였기 때문에 원청 하도급 관계에 있어서 많은 문제점을 안고 있었고, 종합건설업체에 대한 의존도가 너무 높았기 때문에 획기적인 구조조정이 불가피했다.

회사를 운영하면서 2002년도에 한밭대학교를 졸업하고 2008년도에 충남대학교 대학원에서 건축공학과 석사 과정을 시작했다. 2009년도 국제기능올림픽에 지도위원으로 위촉 받고 심사위원으로 캐나다 캘거리에서 열리는 40회 국제기능올림픽에 참가했다. 당시 싸스(SAS) 때문에 해외에 나갔다 오면 시험을 못 보는 케이스였는데, 여러 가지 악조건에서 2010년도 2월에 졸업을 못하고 8월에 코스모스 졸업을 했다.

석사를 마치니 다시 박사의 꿈이 생겼다. 2011년도에 박사를 시작해서 2015년도 코스모스 졸업을 했다. 8월25일이 졸업식이었는데 불참하고 박근혜대통령의 초청을 받아서 지도교수님의 허락으로 청와대 행사에 참석했다. 열심히 살았고, 차근차근 나의 계획대로 인생이 무지개 빛을 향해 나아가고 있었다.

2. 몸에 이상이 생겼다

그전부터 삼성동의 주택에서 그야말로 도망 나오려고 많은 애를 썼었다. 우리가 거주하던 집은 아버지께서 물려주신 유산이고 동생과 어머니 3인의 공동 등기가 되어 있었다. 집을 매각하려고 할 때마다 많은 반대가 있었다. 반대를 어쩌지 못해서 1980년부터 2021년까지 42년 가까이 살았다.

주택 1층은 아들과 딸 그리고 어머니가 살고 2층은 막내와 우리 부부가 살고 있었다. 거주하는 지점 아래 수맥의 크기에 따라 개인의 건강 지표에 미치는 차이가 있다. 수맥이 클수록 몸은 빨리 망가진다. 젊고 건강할수록 서서히 망가지기도 한다. 수맥에 영향을 받으며 사는 한 몸이 망가진다는 결과를 얻게 될 것이다.

결국 내 몸에 이상이 생겼다. 가족력은 없는데 당뇨약을 복용하기 시작했다. 2018년도 전후에 용전동 행복한 내과에서 당뇨약을 처방받았다. 평소에 몹시 피곤했는데 과다한 일정 때문이려니 생각하고 있었다. 어느 날 텔레비전에서 의학 프로그램을 보다가 불현듯

의심이 들어서 혈액검사를 하였다. 당화혈색소가 높다고 하면서 충남대학교 신장내과를 소개하면서 혹시 눈에도 이상이 있을 수도 있으니 안과도 가보라고 안내받았다.

2019년도였다. 충남대학교병원 신장내과에서 2개월간 진료와 치료를 받는 중에 담당과장이 원인이 무엇인지 알아야겠다고 조직검사를 해보자고 제안했다. 10월에 2박3일 입원하면서 검사한 결과 당뇨에 의한 신장 괴사로 신장이 30% 남아있다는 청천벽력같은 진단을 통보받았다.

신장조직이 파괴되어 겨우 30% 남은 상태에서 버티고 있었다니, 나는 내 몸에게 미안했다. 신장내과에서는 단백질, 두부, 생선을 먹지 마라, 한약을 먹지 마라, 루테인, 비아잔틴 안과 처방 약도 먹지 말라고 했다. 곧 소실될지 모르니 신장에 무리가 가는 치료약이나 영양제도 복용할 수 없다는 것을 단단히 교육받았다.

일단 환자가 되면 의사의 전문적 소견을 간절히 바란다. 질병에 대한 지식이 있으면 치료에 대한 희망을 가질 수 있기 때문이다. 진단이 나와야 자신의 힘든 지점을 표현할 수 있고 왜 힘들었는지 의사의 설명을 들으며 치료 과정과 완치에 대한 희망의 발걸음을 지속할 수 있다. 아무리 작은 질병이라도 질병을 안고 살아야 하는 삶은 고통과 두려움의 연속이다. 인간은 강하지만 한편으로 불안에 바스락거리며 부스러질 만큼 한없이 여린 존재임을 절감했다.

19세기에는 결핵의 사망률이 가장 무서웠다면 20세기 이후에 의학은 여러 질병들을 소멸시키는 눈부신 발전을 한 것도 사실이다. 에이즈나 암은 추적치료로 완치사례가 늘면서 암은 이제 중요한 병이 아닐 정도이다. 대신에 암보다 더 흔하고 선명한 해결책이 없으면서 누구나에게 처방전 없는 규정짓기 좋은 질병, 그 이름도 익숙한 "자가면역질환"으로 자리를 대체한 것 같다.

3. 신장 이식

익숙함은 귀중함을 모르는 어리석음을 키운다. 가까이에서 쉽게 얻을 수 있기에 소중함과 귀중함을 모르고 힘들게 얻어야만 귀하고 좋은 것이라고 믿는다. 건강도 마찬가지다. 너무 쉽게 주어지는 익숙함에 건강의 소중함을 일깨워주는 마음마저 무디어질 수 있다. 신장(콩팥)도 마찬가지이다.

만성 염증은 만병의 근원이 된다고 한다. 염증은 생체조직이 손상을 입었을 때 일어나는 반응이다. 세균의 침입 등으로 몸의 일부에 충혈 부종 발열 통증을 일으킨다.

2020년에 소견서를 들고 서울대병원으로 갔다. 처제가 서울대병원에 간호사로 근무하고 있어서 처제에게 자문을 구하고 교수님들도 소개 받았다. 먼저 아내와 혈액검사를 한 후 적격 판정을 받았다. 그리고 수술에 들어가기 전 나와 아내는 6개월 정도 계속 서울대병원을 다니면서 검사를 진행했다. 나머지 대장내시경, 위내시경, 안과, 이비인후과, 치과 치료 등 머리부터 발끝까지 면밀하게 검사를 하였고, 진단서를 모두 첨부하여 병원에 제출했다. 2021년 3월21일에 삼성동에서 용두동으로 이사를 하고 4월7일에 서울대병원에 입원을 하여 4월21일에 아내에게 신장을 공여 받아 신장이식을 받았다. 그리고 5월4일에 퇴원을 하였다. 코로나 때문에 수술 후에는 전혀 바깥 출입을 금하고 완전 감금 상태나 마찬가지였다. 창살 없는 감옥처럼 공포스럽기까지 했다.

아내는 진작부터 우울증과 조울증이 있었는데 검사 전까지는 몰랐었다. 올해 78세이신 어머니는 병원에서 수면제를 처방받아 복용하고 있었는데 그 사실 역시 나는 전혀 몰랐다. 할아버지 할머니도 치매로 돌아가셨다. 내 뇌리에 번쩍 스치고 지나가는 사실 한 가지- "우리 집에 수맥이 흐르고 있다"는 것을 나는 진작에 인지하고 있었다는 진실 하나.

그러나 어이없게도 수맥 차단을 실행하지 못하고 회사 운영과 학업을 동시에 하느라 너무 바빴을 따름이다.

하늘이 내려준 천사인 아내가 자신의 결정으로 선선히 신장 하나를 내어 주어서 나는 다시 새로운 삶을 선물 받았다. 죽을 때까지 사랑으로 은혜를 갚겠다고 가슴 깊이 맹세하였다.

자가면역 관련 범주에 있는 여러 질병이라든지, 일정 단계를 지나면 '원인도 치료법도 없는' 병은 잠깐 앓고 곧 회복해서 일상으로 복귀하지 못한다. 단순하게 접근했지만 평생 병과 함께 가거나, 아니면 좋지 않은 운명의 종말을 맞이할 수도 있다.

신장내과 담당 의사는 나더러 안과 진료를 단호하게 권유했다. 당뇨 합병증은 신장과 눈으로 발병하기 쉽기 때문이다. 안과에서 정밀 검사를 받았다. 느닷없이 받은 황반변성이라는 불치병 선고가 나를 곤경과 절망의 나락으로 떨어뜨렸다. 실명이라는 명백한 결과지(誌)만 받아든 채로 속수무책이라서 더 망연자실 할 수 밖에 없는 환자-나 송재승은 철저하게 을의 입장일 수 밖에 없었다.

4. 황반변성이라니

 내가 난치병 선고를 받았던 경험이 있기 때문에 불치병 혹은 난치병 환자의 고통에 더욱 공감하는지도 모르겠다. 먼저 나의 경험을 이야기하고 싶다.

 다른 장기들은 표피라고 불리는 피부를 통해 1차 오염물질을 걸러내지만 눈은 직접적으로 바로 투과하기 때문에 피로감과 세포의 파괴가 더 많이 발생하게 된다. 눈은 다른 세포와 달리 재생을 하지 않기 때문에 평상시 눈 유지 관리가 중요하다. 눈에 이물감과 통증을 느끼게 되면서 눈의 초점을 맞추기 어려워진다.

 초점을 맞추기 위한 눈의 근육을 과도하고 쓰게 되면서, 안구 건조와, 시야 흐림 및 피로를 초래한다. 건조하고 피곤한 눈은 노안을 가속화 하고 노화된 눈은 산소와 영양의 부족으로 더욱 건조해지고 피로를 악화한다.

난치병을 선고받자 내 몸의 주도권을 누군가에게 빼앗기고 도둑맞은 기분이 들었다. 그동안 내 몸의 주인은 바로 나였었는데 말이다. 폭풍우 속에서 벌거벗은 몸으로 서 있으며 생전 처음 느끼는 감정들과 공포가 휘몰아치며 나를 내리쳤다.

황반변성은 망막의 가장 중심에 있는 황반에 변성이 오는 질환이다. 우리 눈 속은 유리체라고 부르는 투명한 젤로 채워져 있다. 망막의 중심에 위치한 신경조직인 황반은 시세포의 대부분이 모여 있어 시력에 매우 중요하다. 황반에 이상이 생겨서, 중심 시야가 일그러지거나 점점 보이지 않게 되는 것이 바로 황반변성이다.

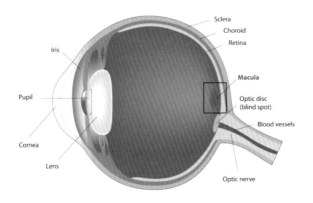

https://www.vmrinstitute.com/what-is-macular-degeneration/

황반의 노화, 유전적인 요인, 독성, 염증 등에 의해 기능이 떨어지면서 시력이 감소되기 때문이다. 안과에서 한달에 한번 검사를 받고 심각할 정도로 안개가 끼는 현상이 심해지면 주사를 맞았다.

2019년도에 이안과를 방문해서 치료를 받다가 실명할 가능성이 있으니 레이저 치료를 해야 한다고 했다. 레이저 시술을 처음 했다. 눈 한쪽을 4등분으로 나누어서 교차해서 매주 8주간 레이저 시술을 했다. 시술을 하고 나니 비문증이 엄청 심하게 왔다가 8주 이후에 문제가 생겼다.

눈은 예민하고 약한 혈관이 많아서 터지기가 쉽다. 삼출물과 혈액이 흘러나와 황반 부위에 손상을 입히게 되는 삼출성(습성) 황반변성으로 발전하게 된 경우에는 레이저 광응고술과 광역학 치료, 항체주사치료(유리체 내에 주사하는것) 등 필요한 치료를 지속적으로 정기적으로 해야 한다.

그 말이 어떤 결과인지 의학적으로 잘 인지가 안 되었기에 당장에 받은 충격은 없었다. 희망은 있었다. 설마 우리나라 의학이 최고인데 서울로 가보자는 결심을 했다. 서울에서도 황반변성이라는 마찬가지 소견을 받았다.

황반변성은 당뇨망막병증, 녹내장과 함께 3대 실명 질환이다. 가장 중요한 점은 질환을 조기 발견하여 치료하는 것이 시력을 보존하고 삶의 질을 유지하는 길이다. 망막은 상을 인지하는 기관에서 중추적인 역할을 하는 기관이기 때문에 문제가 생기면 급격한 시력 저하를 비롯하여 기능 상실에 이를 수 있다. 1년에 한 번 안과를 방문해서 검진을 받는 것이 좋다.

안과 치료를 받는 중에 눈에 안개가 끼기 시작했다. 새벽에 호숫가에 가면 뿌연 안개가 끼듯이 내 눈 안에 안개가 끼면서 뿌옇게 시야가 흐려지니까 운전이 불가능 할 정도였다. 순식간에 눈에 안개가 끼면 아예 안 보이는 그 시점에, 즉시 안과로 가서 황반변성 현상으로 눈동자에 직접 주사를 맞아야 한다. 비용이 50만 원이며, 양쪽 눈에 각각 맞았는데 100만 원의 비용이 들었고, 6개월 동안 한 달에 한 번씩 맞았다.

의사의 선언은 차가운 스텐 구슬처럼 한 음절 한 음절 내게 서늘하게 다가와 흩어졌다. 평생 주사를 맞아야 하는데, 만약에 한 달에 1번 맞는 상태이다가 주기가 20일이 되다가 다시 10일에 1번 맞게 되면 결국 실명이 된다는 것을 명심하란다.

황반변성 주사를 맞는 5개월째 겁이 나서 서울 영등포에 있는 김안과에 2020년 3월에 예약을 하고 진단을 다시 받았다. 담당 의사가 "주사를 맞느냐 안 맞느냐?" 묻더니 얼마나 자주 주사를 맞는가 다시 물었다. 나는 "한 달에 한 번 평생 맞으라고 들었는데, 정말인가요?"하고 물었더니 정말이라고 대답했다.

의사는 그나마 다행이라고 말하며 주사를 평생 맞으라고 당부한다. 대부분 병을 부정하는 이유는 두려움과 병에 대한 무지 때문이다. 하도 어이가 없고 겁도 나서 나는 다소 절망적으로 덧붙였다.

"우리나라가 의료 선진국이고 우주를 가는 시대에 이까짓 것 정말 못 낫습니까?"

의사의 답변은 다소 참혹했다.

"없습니다. 황반변성은 아예 약이 없어요. 우리나라는 후진국 수준으로 황반변성에 대한 논문 한 편이 없습니다. 무조건 주사를 평생 맞아야 합니다."라는 대답을 끝으로

"지금 여기서 한 대 맞고 가시겠습니까? 아니면 대전에 가서 맞을래요?"라고 물었다.

나는 대전에서 맞겠다고 대답하고 병원을 나섰다. 영등포역에서 무궁화호를 타고 내려오는데 너무나 절망적이었다. 그저 인생의 큰 흐름 안에서 우연히 내게 이러한 불운이 발생했다고 담담하게 받아들여야 하기에는 너무나 억울하고 참혹했다.

"몸이 천 냥이라면 눈은 구백 냥"이라는 말이 있다. 내가 시력을 상실 할까봐 두려움에 떨 때 가장 먼저 생각나는 말이었다. 눈만 보이면 무슨 일이든 다 할 것 같았다. 두 팔이 없거나, 두 다리가 없는 것과 바꾸고 싶었다. 불편하지만 의수, 의족을 해도 괜찮을 것 같았다.

다가오는 실명을 막고 눈이 보인다면 좋겠다는 마음에 이런저런 생각이 꼬리에 꼬리를 물고 일어났다.

나는 우리 집터가 수맥 자리로서 안 좋은 곳에 살고 있기 때문에 결국 마주쳐야 할 운명은 실명일 수밖에 없다고 생각했다. 무슨 말인지 아마 의아한 생각이 들지 모르겠다.

점자 공부를 해야 하나? 아니야, 그래도 분명히 나을 수 있을 거야. 다른 사람들은 절대 못 해도 나는 할 수 있을 거야. 나는 송재승이니까... 대전역에 도착할 때까지 마인드 콘트롤을 계속 했다.

발병 원인을 정확히 알 수 없는 여러 난치병이 있다. 어느 순간 어떻게 발병하는지 예측조차도 할 수 없는 경우가 태반이다. 병의 원인에 대해 생각하기보다는 병에 대한 지나친 집착을 벗어버리고 담담하게 몸 공부 마음 공부를 하면서 일상을 건강하게 살아가는 전략도 중요하다. 그러나 그 당시 나의 마음은 한없이 움츠러들었고 공포와 슬픔이 널뛰기를 하였다. 한편으로 가련하고 한편으로 절망감이 엄습하는 것에 어쩔 줄 몰라했다.

서울을 다녀와서 6번째 주사를 맞기 위해 다시 이안과로 내원했다. "원장님 한가지 말씀드릴 것이 있는데요. 제가 황반변성이라는 병명만 알지 정확히 인지가 안 됩니다. 제 상황을 자세히 설명을 해주세요."

의사는 자신의 두 주먹을 눈에 갖다 대더니 주먹을 펴면서 "이 상태가 안구가 부은 상태입니다." 다시 두 주먹을 쥐어 보이면서 "주사를 맞으면 정상으로 돌아가고 다시 부으면 주사를 맞는 것이죠." 절대 나을 수 없는 병이라고 청천벽력과 같은 말을 했다. "앞으로 주사를 맞는 기간이 20일로 기간이 단축되다가 10일로 단축이 되면 결국 실명입니다. 그러니 한 달에 한 번 반드시 주사를 맞아야 합니다."

사실 같은 이야기를 수개월 동안 반복해서 들었다.
"아, 내 몸이 완전히 산성화가 되었구나." 나는 무언가 해결의 실마리를 얻었으며 완치에 대한 해답을 찾았다는 확신이 들었다. 나는 담당의사에게 정중하게 고개 숙여서 인사를 했다. 의사는 나의 깊숙한 절의 의미를 모를 것이다.

5. 황반변성 완치에, 일라이트 알칼리수

아! 답은 물이다. 알칼리수(Alkaline water)

갑자기 나의 뇌리에 알칼리수가 떠 올랐다. 수맥공부를 오래 하다 보니 가끔 하늘이 주시는 영감이 떠오를 때가 있다. 의사가 '부었다' 하며 주먹을 치켜들 때 산성화 때문이라는 생각이 번개같이 스쳤다.

엄마의 자궁 속에서 10개월 동안 태아가 성장하는 데 양수는 100% 알칼리수이며 염도는 0.9%다. 아, 그렇구나, 그 비밀이 있구나. 물은 인체의 70%를 차지한다고 배웠다. 내 안의 생체 저울이라고 할 수 있는 ph는 물의 수소이온 농도를 뜻한다. 화학적으로 물질 속의 수소이온 함량을 측정하는 기준인데 ph 1~6은 산성이고 7은 중성이며, 8~14는 알칼리성이다. ph 7.5~8.5는 약알칼리성 물로 산소, 수소, 탄산가스가 적정량이 들어있다.

내가 사업체를 운영하니 이런저런 명목의 친목 모임에 많이 참석하고 있다. 한 친목 모임에서 알칼리수 제조회사 회장님을 만났는데 나와 깊은 인연이 되었다. 모임에 오셔서 행사 때마다 알칼리수 후원도 많이 했다. 모임에서 친해져서 위염이나 위궤양 아토피에 좋다는 말을 듣고 나는 ph 테스트 시약으로 테스트해 봤는데 정말 깨끗한 알칼리수였다. 나는 그동안 살아오면서 이어지는 모든 인연에 감사드린다. 수많은 생수 시장에서 나를 살린 알칼리수 제조 대표를 지인으로 두었으니 천운이라 여기고 그저 감사할 따름이다.

충북 영동군에 신비한 광물질인 일라이트가 대량 매장되어있다고 한다. 전 세계 매장량의 90%에 달하는 암반지대에 매장된 희귀 광물질인 일라이트는 운모와 비슷한 구조를 가진 점토광물로 원적외선을 다량으로 방사한다. 중금속과 유독가스를 흡착탈취 그리고 분해하는 광물질이다. 나는 일라이트 암반을 통과하여 흐르는 암반수를 원수로 사용하는 이 물을 홍보도 하면서 많은 분들에게 소개도 했다.

모임 회장의 자녀가 심한 아토피로 고생하고 있었는데 캐나다로 3년 동안 유학을 보냈다.
캐나다의 깨끗한 공기에 아토피가 나을 것이라는 기대가 있었지만 생각만큼 나아지지 않았다. 그래서 알칼리수를 마셨더니 불치병이라는 아토피가 완치되었다. 회장도 위염으로 고생했는데 알칼리수로 완치되었다.

공학을 전공한 나는 실험 삼아 알칼리수가 담긴 페트병을 개봉했다가 다시 닫아서 1년 넘게 내 사무실 책장 한켠에 물병을 보관했다. 1년 후 테스트를 해보니 일반 물병은 변질이 있는데, 알칼리수는 똑같이 그대로 보존되어 있었다.

황반변성 진단을 받게 되면서 물을 마신 계기가 되었다. 7~8년 전부터 하루에 2 리터 이상씩 마셨다.

일라이트에 규소와 황 아연을 첨가해 만든 최대 ph 9.2 알칼리수는 체액보다 입자가 작아서 흡수와 침투가 가속된다. 이 물을 마시게 되면 인체를 가동하는데 필요한 수분을 보충하게 되므로 체액 순환, 신진대사가 활발해져 대사 과정에서 발생한 노폐물 배설에 유리하다.

물이 입을 통해 들어가면 위⇒ 장⇒ 간장⇒ 심장을 지나 혈액에 섞여 신장으로 가서 그리고 배설의 긴 순환을 한다. 이렇게 순환하는 동안 세포의 형태를 유지하고 신진대사 작용을 높인다. 혈액과 조직액의 순환을 원활하게 하면서 영양소를 흡수 운반해 필요한 세포까지 공급한다. 또한 체내에서 불필요한 노폐물을 소변과 땀으로 배설시키면서 끊임없이 혈액의 ph를 적정하게 유지·관리 한다.

인체 내에 촘촘하게 순환하는 핏줄 안의 혈액은 약알칼리수가 기준에 맞고 필요한 미네랄이 적절한 양으로 들어 있어야 한다. 중금속, 유기물질 같은 유해 오염 물질이 없어야 한다. 예전에 미국을 방문했을 때 어마어마한 대형 마트에서 여름에 야외에 적재되어있는 생수 페트병을 본 적이 있다. 뜨거운 태양 아래 부글부글 페트병 속물이 거품이 올라오는 것이 보였다. 과연 괜찮을까 걱정하며 바라보았던 기억이 있다.

2020년 4월1일에 "일라이트 PH한모금" 알칼리수를 마시기 시작했다. 2004년 4월1일에 하루에 3갑 이상 피우던 골초인 내가 담배를 끊었다. 만우절이라 기억하기도 좋고 느낌이 색다른 날이라 중요한 스타트를 하는 날을 만우절로 잡았다. 1개월 동안 알칼리수를 매일 2리터에서 4리터, 많이 마시면 5리터 까지 마셨다. 물을 마시면서 눈에 안개가 끼지 않았다. 눈이 부은 느낌은 나는데 안개가 끼지 않았다.

한 달 후에 이안과에 가니, 원장이 고개를 갸웃하며 혼잣말을 한다. "애매......하다." 가만히 있으니 "아, 주사를 맞기도, 안 맞기도 그렇고... 이번 달은 패스를 합시다! 다음 달에 내원해서 안 좋으면 그때 맞읍시다."

하지만 더 이상 눈에 뿌연 안개도 끼지 않았고 다음 달에도 그다음 달에도 주사를 맞지 않았다. 신기하고 통쾌했다. 나만이 할 수 있었다. 남들이 알지 못한 나만의 방법으로 새로운 세상을 볼 수 있다니 감사하고 또 감사하다. 어두운 절망의 터널을 드디어 벗어나고 있다는 안도감에 희열의 감정이 내 온몸을 휘감았다.

신장이 안 좋으면 그렇게 많은 물을 마시는 것은 당연히 위험을 초래한다. 그렇지만 알칼리 수는 가능하다. 내가 알칼리수를 과다한 양으로 마시면서 나는 내 몸의 메시지에 귀 기울였다. 기존의 패러다임을 벗어났기에 영감을 따른 결정이 나를 치유했고 밝은 미래의 문을 열게 해주었다.

수맥이 흐르는 집터에서 42년을 살았는데 수맥이 없는 집을 찾아 50여 군데 이상 집을 찾아서 2021년도 3월에 드디어 이사를 단행했다.

2022년 7월부터 운전을 다시 시작했다. 이후로 2024년 4월 1일로 만 4년 지났는데 아주 좋아진 상태이다. 거의 2년 반 동안 대중교통을 이용했는데 2022년 7월부터 운전을 하면서 다니고 있다. 지금 생각해보면 긴 잠에서 악몽을 꾼것만 같은 생각이 든다.

물론 첫해는 매달 가서 체크를 했었고, 2년 차에서는 2개월마다 체크만 하고 왔다 3년 차부터는 3개월에 한 번씩 정기적으로 안과에서 체크를 하는데 4년 동안 주사를 한 번도 맞지 않았다. 담당 의사는 신기하다고 하면서도 내게 어떻게 나았는지 절대 물어보지는 않는다. 나의 경우가 본인 환자 중에 처음 케이스이며 아마 전 세계에서도 처음이라고는 말했다.

나는 영감이 이끈 선택으로 완치라는 결과를 얻었기에 간증도 하면서 나의 경험을 나누면 "희망을 선택할 기회를 갖게 되는" 그분들도 좋을 것이고, 결국 상생의 의미로 나에게도 좋다는 신념이 있다. 온 우주는 에너지로서 나비의 작은 날개짓이 결국엔 크나큰 변화를 일으키는 나비효과처럼 누군가에게 절대적일 수 있는 불안을 잠재우고 희망 한조각을 건네주고 싶은 마음 뿐이다.

너무나도 소중한 눈을 죽을 때까지 간직하려면 눈을 촉촉하게 만들어 주는 운동을 해야 한다. 눈을 깜빡깜빡 하면서 의식적으로 1분에 15번 정도 깜빡거려야 정상이다. 깜박이는 횟수가 적으면 눈이 건조하게 되고 눈이 건조하면 검은 눈동자가 충혈이 오거니 염증이 생기며 노안이 더 빨리 올 수가 있다.

현대인들은 대부분 휴대폰을 자주 그리고 지속적으로 들여다보면서 눈의 깜빡임이 줄어든다. 눈 깜빡임 운동을 의식적으로 하면 수분이 공급되어 눈물의 분비량이 많아진다. 동시에 초점을 가까운 곳(30cm 정도)과 먼 곳(5m 이상)을 응시하는 훈련으로 가까운 곳과 먼 곳을 골고루 보면서 눈의 초점을 맞추는 원근운동을 해주면 노안을 예방한다.

질병은 인체 내 균형의 파괴를 의미하며 치료는 균형의 회복과정이라고 할 수 있다. 다양하게 미분화되는 사회에서 기존의 모든 것들에 대한 이해와 관점이 점차 넓어지고 있다. 예컨대 정신병적 징후에도 사람을 정상과 장애라는 이분법적 견해로 나누지 않고 신경다양성(Neurodiversity)으로 인간을 이해하자는 포괄적인 개념도 있다.

나는 과감하게 수맥 차단도 난치병 해결의 한 분야로 인정받기를 바란다. 과도하게 돈이 많이 들지도 않는다. 간단하게 수맥탐사가(dower다우저)를 통해 자신이 거주하는 집에 수맥파가 흐르는 여부를 검사하고, 수맥파가 나오면 잠자리를 이동하거나 경중에 따른 수맥차단재를 설치하자는 제안을 하고 싶다.

6. 수맥을 배우게 된 계기

한밭대학교에서 구조역학을 강의하는 김연동박사님(한밭대겸임 교수)이 수업시간에 강의를 하시다가 수맥에 대해서 잠깐 언급을 하셨다. 내 나이 28세인 1998년에 대학교 2학년 늦깎이 학생 시절 이었다. 교수님이 운영하는 건축구조설계사무실에서 여름방학 중 8월에 수맥강좌를 개설한다고 소개하셨다. 과에서는 나 혼자 참석 했다.

수맥에 대해서 그전부터 관심이 있었기 때문이다. 방송에서 여러 번 보았기에 어렴풋이 수맥에 대한 호기심도 있었고 배우고 싶다는 생각은 늘 하고 있었다. 당시에 나는 "수맥 위에서 자면 건강이 안 좋다"는 고작 그 정도만 아는 수준이었다.

10여 명 정도 모여서 공부했지만 현재 수맥 그라운드에는 나 혼자 남아있다.

내가 수맥을 배워 나이가 들었을 때 막걸리 한 사발 마시면서 풍수를 봐주는 것들에 대해, 내가 바라는 대가는 국밥 한 그릇 얻어 먹는 것이라는 다소 낭만적인 생각을 가졌던 기억에 빙그레 웃음이 나온다.

수맥 공부는 정말로 너무 재미있었다. 1998년부터 수맥 분야를 공부하면서 그때부터 활동했다. 20년 넘게 수맥을 연구하고 적용하다 보니 건강이 안 좋은 사람들을 많이 만났다. 내가 그분들에게 도움이 됐다. 심각한 질병 상태임에도 불구하고 의료적인 접근으로 해답이 나오지 않거나 완치되지 않는 경우에 단지 잠자는 자리를 옮겨주거나 수맥차단을 해서 건강을 되찾은 사례가 200여 케이스가 넘는다.

본인이 증상은 있는데 원인을 모르거나 의학도 포기하거나 난치병이니 평생 약을 복용하면서 참고 살아야 한다는 처방에 대부분 희망을 잃고 좌절하기 마련이다. 그런 분들이 나를 만나서 점차 몸이 개선되는 과정을 바라보면서 무언가 나눔을 더 하고 싶다는 신념이 생겼다. 책을 한번 써보자. 그동안 난무하던 수맥 관련 이론에 대해 제대로 정리하고, 신비주의나 상업목적으로 변질 된 시장의 흐름에서 옳바른 적용을 통해 완치된 사례들을 제대로 알려보자는 생각이 들었다.

풍수는 말 그대로 바람과 물로서, 풍수하는 사람들이 묘를 보는 사람도 있지만 나는 그다지 관심은 없다. 묘 자리를 보는 것을 음택이라고 한다. 그에 반해서 나는 양택을 본다. 산 사람이 더 중요하다고 믿는 나의 신념에 기인한다. 살아있다면 어찌했던 나아질 방편이 있기 때문이다.

대전광역시 중구 목동 46-** 번지(1998년9월12일)

유성 -조치원 구간(국방과학연구원 부근)

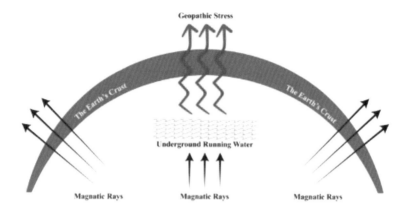

https://auravaastu.com/geopathic-stress

02

예방 의학으로
수맥파 차단

"극심한 육체적 고통이 엄습할 때,
아픔과 고통, 질병 속에서 인간이 얼마나 나약한
존재인지 직면하게 된다."

인간의 삶은 모두 선택에서 온다. 나의 취향과 가치관에 의해 결정되는 일상의 선택들이 쌓이면 습관이 되고 루틴이 된다. 이러한 선택이 시간을 거듭하면서 쌓이게 되면 자신의 라이프 스타일이 된다. 라이프 스타일이란 결국 내가 만든 수많은 선택들이고 결국 나를 표현하는 취향이 되며 건강의 구성요소가 된다.

수맥에 관심을 갖는 것은 지구와 태양계가 나를 위해서 움직이고 있다는 것을 안다는 것과 같다. 푸른 하늘과 유유자적 하얀 구름이 호숫가 언덕 위에 느릿느릿 흘러가고 산들바람이 내 목덜미를 간지럽히며 지나가고 새들이 즐겁게 지저귀는 소리가 내 귀를 즐겁게 한다고 상상해 보라.

저절로 입가에 미소가 지어지고 눈은 맑아지며 심장은 생기있게 고동칠 것이다. 바로 자연이 주는 힘이다. 충만보다 더 충만하고 풍부한 어머니 같은 대지에 밤마다 내 몸이 연결된다고 상상해 보라.

1. 나를 움직이는 신념

대지는 우리의 고향이며 우리의 어머니라고 모든 예술작품에서 찬양하고 있지 않은가. 어머니가 주는 포근한 품처럼 회복하고 치유하는 안식을 얻으려면 수맥파가 없는 좋은 땅이어야 한다. 그러려면 수맥을 차단해야 한다. 나는 내가 살던 자리에서 건강을 잃었고 그 자리에서 건강을 찾아가는 과정을 스스로 설정했다. 다른 장소로 이동을 해서 건강을 찾은 과정이다.

밥도 마찬가지이다. 허겁지겁 한 끼 때우는 밥, 삼각김밥으로 라면으로 편의점에서 먹는 밥, 아플 때 떠오르는 엄마가 만들어 준 영혼의 밥도 있다. 하루하루 먹는 밥을 소중하게 생각하며 식사를 해야할 것이다.

인생에서 성공의 척도를 무엇으로 하고 있는가? 나에겐 거창한 성공보다 좋은 사람들이 내 주변에 많이 있는 것으로 믿는다. 정답이 없는 인생에서 오늘도 나에게 주어진 단 한 번의 인생을 소중하게 살아가고 있다. 바로 지금 여기에서 말이다.

건강을 어떻게 정의할 수 있을까? 세계보건기구헌장(Constitution of the World Health Organization, New York, 22 July 1946)에서는 "건강이란 육체적, 정신적, 사회적으로 완전한 상태를 말하며 단순히 병이 없는 상태를 의미하는 것은 아니다."라고 정의하고 있다. 즉, 질병을 넘어 건강의 세 요소인 신체적, 정신적, 사회적 안정 상태를 건강이라고 보고 있다.

건강한 삶은 인간의 삶의 질을 높여주고, 어려운 일이 닥쳤을 때 이겨낼 수 있는 회복탄력성을 증가시킨다. 모든 개인은 각자 자신의 건강 상태, 청결, 질병 예방, 적절한 식사와 영양의 균형, 건강에 대한 태도와 습관 등의 중요성에 대하여 잘 알고 있어야 한다. 이러한 지식이 토대가 되었을 때 보다 확실히 신체 활동의 의미와 건강의식을 갖게 될 것이다. 건강을 잃으면 모든 것을 잃는다는 말은 무시할 수 없는 진리이다.

내가 황반변성이라는 난치병 진단을 받았을 때 병증에 대한 전문적인 정보가 없어서 우왕좌왕하고 기댈 곳 없는 적막한 기분과 희망이 안 보이는 참담함을 겪어봤다. 난치병 진단에 슬픔, 분노, 불안, 두려움 등 다양한 감정이 몰려왔다. 소름과 한기까지 물리적인 반응이 몰려왔다. 난치병이라는 선고를 받았다고 해서 삶의 의미가 모두 사라지는 것은 아니다. 솔직하게 표현하고 받아들이고, 쉽지 않지만 주변 사람들에게 도움을 요청하는 것을 두려워하지 말아야 한다.

난치병에는 완치 방법이 없는 경우가 많지만, 증상을 완화하고 삶의 질을 향상시키는 치료 방법은 반드시 있으며 자신에게 맞는 치료방법에 대해 꾸준히 알아가야 한다. 삶의 의미 즉, 자신에게 중요한 것은 무엇인지, 앞으로 어떻게 살아갈 것인지에 대해 생각해야 한다. 난치병이라는 선고를 받았다고 해서 희망을 포기하지 마시라.

양자역학으로 다양한 분야가 명백하게 설명되고 인간의 지식이 A.I 에 의해 확장되고 있다. 의학 부분도 통합의학으로 점차 영역을 넓혀가는 중이다. 건강을 지키는데 수맥 이론이 한 부분을 담당할 수 있다는 열린 태도를 갖기 바란다. 내가 말하고 싶은 의견은 그대의 난치병이 혹시 수맥파에 의할 수 있다는 것이다.

난치병 환자를 위한 지원 단체

한국호스피스완화의료재단: www.hospicecare.or.kr/

한국암환자회: if-blog.tistory.com/6209

백혈병 림프종 환우회: www.leukemia.kr:45239/bbs/board.php?bo_table=04_02_09

희귀 난치성 질환 헬프라인: 1577-0066

2. 수맥 탐사 연습

 수맥 분야는 내게는 전혀 새로운 분야로 미지의 세계여서 잘 몰랐지만 이상하게 나의 관심을 끌었다. 지대한 관심을 가지고 접근하다 보니 다른 사람보다 빨리 습득을 했다. 빠른 습득을 위해 당연히 연습을 아주 많이 했다. 일과를 종료하고 밤 10시부터 엑스포 다리 위로 가서 엘로드(L-Rod)를 가지고 연습하고 추(펜듈럼pendulum)를 가지고도 연습을 계속했다.

수맥을 탐사하는 사람을 다우저(dowsing dowser)라고 부른다. 나도 다우저로서 수맥 탐사는 누구나 가능하다고 말하겠다. 인간은 물체에서 흘러나오는 방사 자력을 감지할 수 있는 뛰어난 능력을 가지고 있기 때문이다. 수맥에서 발산되는 방사 자력은 인간의 뇌에서 감지하여 그 파(wave)의 강도(세기)를 손으로 전달 받을 수 있다. 수맥에서 흘러나오는 미세한 힘의 변화를 감지하려면 많은 노력과 경험이 요구된다. 같은 시간에 같은 장소에서 똑같은 파를 습득하기 위해 내가 연습했던 이유이다.

인간의 신체 가장 바깥은 모든 장기와 뼈를 덮고 있는 피부다. 피부 아래에 혈관이 있고 마치 손목을 눌러 팔딱거리는 맥박(핏줄)을 찾듯이 엑스포 다리 위에 서서 나는 대지의 핏줄인 수맥을 찾았다. 다리 아래 흐르는 지표수가 아니라 지표수 그 아래 수십 미터에서 수백 미터 아래 흐르고 있는 수맥을 체크하였다. 원촌교 넘어 TJB 방송국이 바라보이는 바로 그 다리가 내가 삼성동에서 살아서 가깝기도 했고 연습하기가 아주 좋았다. 어마어마하게 아주 큰 줄기 수맥이 있다.

매일 매일 같은 시간 같은 장소에서 수맥 탐사 훈련을 하는 이유는 갑천의 흐르는 물 아래 존재하는 수맥의 크기와 강도를 똑같이 느껴야 한다. 어떠한 상황에서도 같은 강도와 크기를 내 감각의 기저에 깊숙이 아로새겨 놓아야 한다. 아마 1천 번 이상 연습했을 것이다.

고층 아파트가 수맥의 영향을 받는다면 같은 라인의 어느 층에도 똑같이 수맥의 영향을 받는다. 수맥 때문에 아파트 1층에서 암 환자가 발생했다면 50층에서 사는 사람도 건강하게 살 수가 없다. 수맥은 수직파이다. 차단재를 시공하면 2미터 정도는 커버한다. 그래서 1층을 차단하면 2층에서 나타난다. 1층과 2층을 차단하면 3층에서 나타난다. 사람마다 질병과 스트레스에 대한 저항력이나 피로감을 쉽게 느끼는 정도 등 체질이 틀리기 때문에 각 개인의 고유한 건강의 파동에 대략 70% 정도는 영향을 받는다.

수맥이 있으면 건강을 잃지만 수맥 차단을 하면 일반인들과 비슷해 진다.

강 물 위에 배를 띄웠는데 사람이 배 밖으로 나가면 물에 빠지지만 배 안에 있는 사람은 안전하다. 물이 흘러가면서 파장을 내기 때문에 반창고를 붙이듯이 차단해서 막았다면 그 지점은 괜찮지만 나머지 자리에서는 수맥이 느껴진다. 수만 미터 상공에서도 수맥이 느껴진다. 그래서 수맥의 영향에서 벗어나는 방법은 장소를 이동하거나 수맥차단재를 시공하는 방법 뿐이다.

3. 수맥차단으로 질병을 예방

 극심한 육체적 고통이 엄습할 때, 아픔과 고통, 질병 속에서 인간이 얼마나 나약한 존재인지 직면하게 된다. 어쨌든 사람의 건강을 유지하고 지키는 길이라는 게 아주 사소한 것으로부터 시작한다. 건강을 지키지 못할 정도로 피곤하거나 진단이 명확하게 나오지 않지만 몹시 허약한 상태, 그리고 중대한 질병으로 고통받고 있는데 깔끔하게 낫지 않고 만성으로 넘어가는 조짐이 보일 때 환자는 당황하게 된다.

 나의 접근법은 상담 의뢰자의 잠자리부터 체크를 시작한다. 잠자리 아래에 수맥이 흐르는지, 없는지가 첫 번째 체크 해야 할 가장 중요한 사항이다.

 현대인에게 수면은 가장 중요한 화두 중 하나이다. 잠을 제대로 잘 자면 다음 날 기상했을 때 머리가 맑아진 것 같고 기분도 상쾌해진다. 반면 잠을 제대로 못 자게 되면 다음 날 신경쇠약처럼 괜히 예민하고 짜증이 나며 우울해지기도 한다. 숙면을 취하면 정신적 피로를 해소하는데도 큰 도움을 줄 수 있다.

숙면을 취하지 못하면 정신적인 피로가 쌓여 우울증이 생길 확률
이 높아진다는 연구결과도 있다. 스트레스가 많으면, 잠들지 못하
거나, 수면을 충분히 취하지 못해 몸의 면역력을 회복시키지 못해
긴장 상태가 되고 다시 스트레스를 유발시키면서 몸의 신진대사가
엉키고 만다.

수면 중일 때 인간의 핵심 장기들은 기본적인 심박동 기능만 하면서
피로를 없애면서 새로운 기운을 보충한다. 휴대폰의 전자파나 주변의
소음, 쏟아지는 불빛 등도 현대인의 숙면을 방해하는 요소이다.

당신은 과연 잠을 잘 주무시고 있는가? 일반인이 밤에 습관적으로
잠을 못 이루면 숙면을 못 하는 원인을 따져봐야 한다. 일반인이 업무
로 일을 많이 한 후 밤에 겨우 한두 시간을 잤는데도 "꿀잠을 잤다. 개
운하다." 외치며 기지개를 켜면서 침대에서 일어나면 성공적인 삶을
영위하는데 굉장한 이로움이다. 현대인이 꿀잠을 잘 수 없는 구조에
도 그럭저럭 잠을 잔다면 그다지 큰 문제로 여기지 않을 것이다.

그런데 꿀잠은 커녕 잠이 오지 않아 쉽게 잠들지 못하거나, 잠이 들었어도 깊은 잠을 잘 수 없거나, 깜빡 잠이 들긴 했는데 금방 잠이 깨서 뒤척인다면 모두 수면의 질이 떨어진 상태로 수면 장애라고 할 수 있다. 잠들지 못해 소중한 휴식을 하지 못하는 날이 되풀이되면 서서히 건강을 잃어간다. 그럴 경우 수맥을 체크하면 침대 바로 아래 1줄기~ 4줄기까지 수맥이 우리 몸의 핏줄처럼 겹쳐 지나가는 경우가 대부분이다.

세상은 급속도로 변화하고 있다. 나이가 들면 시골이나 도심에 다니면서 좋은 자리로 옮겨주고 막걸리 한 사발 얻어먹는다는 표현을 했듯이 해장국 한 그릇 얻어먹을 수 있는 좋은 일을 하면서 살고 싶었다. 낭만 가객의 꿈이었다. 탁주 한 사발 대신 국밥 한 그릇이 어우러지는 어렴풋한 나의 미래에 대한 낭만적 접근에 빙그레 미소가 지어진다.

4. 수맥 차단으로 질병을 치료

나는 방수 사업체를 운영하면서 내가 좋아하는 수맥을 공부하였다. 수맥 체크를 하면서 사람들의 건강을 찾아 주는데 소박한 기쁨을 느낀다. 내가 처방하는 방법은 간단하다.

1) 잠자리에서 수맥이 발견되면 잠자리를 옮기라는 처방을 내린다.
2) 교차 수맥이 발견되고 자리를 이동하지 못하는 경우에는 수맥차단재를 시공한다.
3) 심각하게 수맥파가 지배하고 있는 지형이면 이사를 권한다.

1)번 사례는 "수맥파를 차단하면 좋은 잠을 잘 수 있다" 파트에서 다루었다.

2)번 사례는 무수히 많은 케이스가 있다. 6장에서 다룬다.

3)번 사례는 의뢰자들이 결단을 내리기 어려운 처방이라는 것은 나도 잘 알고 있다. 어디 이사라는 것이 쉽겠는가만은 현재의 상황이 아주 심각한데도 인식하지 못하는 경우가 있다. 하지만 마음을 열어 조언을 받아들이고 이사를 단행해서 건강과 목숨을 구하는 경우는

내가 더 감사할 따름이다.

경영자 모임에서 오랜 기간 만나던 분인데 50대 초반에 설암에 걸려서 수술하였다. 가장동 00아파트에 거주하고 사무실은 오류동에 있었는데 두 곳 다 수맥이 흐르는 곳이다. 사무실에 찾아가 자리를 옮기라고 이야기를 하였더니 요즘 우주를 가는 세상에 그런 미신을 누가 믿냐며 나에게 그런 이야기 할 거면 다시는 오지 말라고 하였다.

참 안타깝게도 수술 후 6개월도 안 돼 임파선에 전이가 되어 돌아가셨다. 원하지 않는 분에게는 강하게 말할 수가 없다. 내가 수맥차단재를 팔아서 이익을 취한다는 의심을 받고 싶지는 않았다.

그러나 수맥차단을 철저히 하였더라면, 급격히 전이가 진행되지 않을 수도 있었다라는 것이 나의 믿음이다. 나는 여러 암 경험자들의 케이스를 많이 가지고 있는데, 가까운 지인은 부부가 모두 암 수술을 하였다. 나는 수맥 차단을 권고하였고, 수맥 차단을 진행했다. 그 부부는 급격한 전이나 위험한 상황에 빠지지는 않을 것이다. 요즘 암은 완치가 가능한 병으로 인식되고 있고 터만 좋다면, 운동

과 식이요법 항암요법 등 다각적인 노력으로 수월하게 완치 판정을
받을 수 있다.

이번에는 이사를 해서 생명을 구한 케이스를 이야기하겠다.

청주에 이름을 바꿔주는 홍00 작명인이신데 나와의 인연으로 수맥
차단을 해드렸다. 2009년부터 그분에게 제자들의 이름을 물어보고
몇몇 제자들의 이름을 바꾸어줬다. 부모님에게 말씀드려서 이름을
바꾼 제자들은 전부 메달리스트가 되었다.

거주하는 청주의 00 아파트를 수맥 점검을 해보니 심각한 수맥파
가 흘렀다. 나는 이사를 권하였다. 의뢰인은 내 권고를 선선히 받아
들여서 좋은 시세로 거주하던 아파트를 매도하였고, 같은 동의 옆
라인으로 이사를 갔다.

모녀와 나이 어린 손녀가 이사를 왔는데 1년도 안되어서 40대인
딸이 사망하였다. 119 구급차가 오고 앰블런스도 오고 동네가 부산
스러웠다. 당연히 어머니가 돌아가신 줄 알았는데 알고봤더니 딸이

사망했다는 것이다. 내가 수맥이 있다고 지목했던 그 방에 딸이 살았다고 한다. 주말 아침에 딸을 깨우다가 늦잠이라도 더 자라고 어머니는 외출했다가 오후에 돌아와서 딸의 방문을 열었더니 사망한 채로 발견된 것이다.

내가 이야기 한 그 방에서 사망했으니 자리를 바꿨기 때문에 살았다고 놀란 표정을 지었다.
수맥 자리를 피해 이동하라고 말하면 고개를 절레절레 흔들거나 미신으로 치부하고 만다. 안타까울 따름이다.

인간의 건강조건에서 질 좋은 수면을 첫 번째 조건으로 했다면, 두 번째는 여러 대사질환의 위험에서 자유로워지는 것이다. 혈당관리는 현대인에게 가장 기본적인 건강관리이자 자기 관리의 핵심이다. 배달음식, 수많은 정제 음식, 카페에서 유혹하는 조각 케이크들과 과당이 듬뿍 들어간 여러 음료들의 유혹에서 견뎌야만 한다. 혈당이 무너지면 수많은 병들이 나의 신체를 침범하기 시작한다.

혈당관리는 어렵거나 복잡하지 않다는 것을 무엇보다도 자신이 먼저 인지해야 한다.

전문가들이 권유하는 부분도 운동을 생활의 일부분으로 자리 잡게 해서 체중을 유지하라고 조언한다. 건강한 체중을 유지하기 위해서는 두 가지가 필요하다. 바로 운동이고 식단관리이다.

자신의 식습관이 혈당수치에 어떻게 영향을 끼치는지 면밀하게 관찰하고 주의해야 한다.

안드레아스 모리츠의 「치매에서의 자유」에서 언급했듯이 정제된 탄수화물이 위험하다는 사실을 명심해야 한다. 혈당수치를 급속히 올리기 때문이다. 그럴 경우 비정상적인 대사 반응이 나타나고, 그 과정이 반복되면 비만과 당뇨병이 될 수 있다고 경고한다.

자신의 몸에 대해서 주의를 기울이고 소중하게 생각하면서 음식을 섭취했을 때 몸의 반응과 기분 등을 살피는 훈련을 하기 바란다. 몸은 자신의 정신과 영혼을 담는 성전이기 때문이다.

작은 기쁨을 소홀히 하지 말라고 말하고 싶다. 삶에 대해 거창한 명제도 중요하겠지만 날마다 작은 기쁨을 더 많이 가능한 한 더 자주 경험하려고 한다. 현대인에게 거세게 몰아붙이는 것이 바로 성공해야 한다는 것이다. 그래서 우리는 휴식조차 온전히 누리지 못하고 조바심을 내면서 바쁘게 살아간다.

타인의 시선과 평가에 일희일비하는 것은 저급한 수준이다. 내 인생은 오직 나의 것이기 때문에 나의 노력으로 다채롭게 만들어서 삶을 충만하게 만들어야 할 것이다. 사회에서 강요하는 고정관념에 지배당하지 않고 자신의 관점을 객관화하는 성숙함을 가져야 한다. 성숙함이란 자신에 대한 통제가 가능한 사람만이 가지는 덕목이다.

아름다운 음악이란 화음이 조화롭게 아름답게 들리기 때문이다. 그러나 인생이 어디 아름다운 화음만이 있겠는가? 가끔 맞닥뜨리는 불협화음이 있기에 인생이 더욱 다채롭고 풍부한 법이다. 나다운 삶을 꾸려가려면 자아의 정체성 확립이 어느 만큼 견고한지 살펴볼 필요가 있다.

돌아보니 그때 불행이라고 생각했던 시간은 사실 나를 담금질하는 과정이었다. 조금 더 넓고 깊은 시야로 인생을 재해석하는 기회였다. 어떠한 불행도 다 쓰임새가 있는 것이다. 억울함 분노 절망 슬픔 같은 부정적 감정들이 사실은 새로운 시작의 한 페이지가 되는 것이다.

개인의 힘은 작을지 몰라도 새로운 비전을 가지고 미래를 내다보는 새로운 개인이 조금씩 세상을 바꾸고 진화시킨다. 나는 후배들이 나중에 활동할 수 있는 지평을 넓히도록 최선을 다하겠다고 다짐한다.

Do you suffer from any of the following...

Repeated
Illnesses?   No Energy?   Sleeping
Difficulties?   Anxiety?

Geopathic Stress could be reason!

https://auravaastu.com/geopathic-stress

03

수맥 테라피

"하루 24시간 중에서 사람이 한 장소에
움직임이 없이 가장 오랫동안 머무는 곳이
잠자는 장소 즉 잠자리이다"

무엇을 바꿀 수 있는 가장 쉬운 길은 자신의 관점을 바꾸는 것이다. 운명은 나의 손에 달려있다. 운명을 바꾸는 능력을 말하는 것이 아니다. 모든 인간에게는 공평하게 선과 악, 빛과 어둠, 긍정과 부정, 감사와 원망 등에서 어느 쪽을 선택할 수 있는 능력이 주어졌다는 뜻이다. 그렇다면 운명은 없다. 선택만 있을 뿐이다. 행복이라는 선택 말이다.

그런데 운명이 미리 정해진 것이어서 바꿀 수 없는 것이라고 믿는다면 그럴지도 모르겠다. 그렇지만 자신의 운명을 다른 누군가의 손에 넘겨주는 꼴이 되는 것이다. 그러지 말아야겠다. 내가 어떤 선택을 하고, 의미를 부여하느냐에 따라 인생의 방향성이 설정되고 내 삶에 영향력을 결정하는 것이다.

1. 수맥과 인체의 상관관계

수맥과 인체와의 상관 관계를 정의하자면 한마디로 물과의 관계가 아니라 수맥 파(波)의 관점임을 다시 한번 강조한다. 수맥은 말 그대로 지하에서 흐르는 물줄기를 말한다. 수맥 줄기는 폭이 있고 흘러가는 방향성을 가지고 있고 제각기 다른 세기를 가지고 있다. 지구 표면에 연못이나 강물 같은 지표수가 흐르듯이 땅속에서는 지하수가 흐른다.

지하수는 투수성이 높은 흙이나 암석 속에서 지하수층을 이루면서 움직인다. 수맥은 지표면 수십 킬로 아래로부터 지각변동이나 핵분열 시(時) 지표로 방사(放射)되는 에너지의 일종이라 할 수 있다. 인체에 혈관이 있는 것처럼 지표면 아래에 셀 수 없이 많은 수맥이 경계와 경계 사이에서 특이한 에너지 파동을 발생시킨다. 수맥파는 물질 투과력이 매우 강하여 고체나 액체 또는 모든 기체를 관통하는 힘을 가지고 있다.

마찬가지로 수맥에서 방사되는 파동이 인체의 전자기장에 영향을 미친다. 사람은 물론 동·식물까지 영향을 끼친다. 수맥 관련 논문에 의하면, 수맥파는 몸 안의 호르몬 분비에 이상을 만들고, 암에 대한 저항력을 약화시키며, 세포의 칼슘 이동 변화와 생체리듬에 영향을 미친다.

수맥파는 전자파의 간섭에 의해 발생하는 비정상 파동이다. 수맥에 의해 주파수가 상하 좌우로 복잡하게 진동하면 그 위에 있는 사람의 뇌파가 교란되는 것은 당연한 이치이다. 즉 파장의 간섭으로 신체에 병이 생긴다고 할 수 있다. 인체의 면역기능을 저하시켜 질병에 노출될 위험이 높다. 인간의 몸뿐 아니라 신경계를 교란시켜 불안, 우울, 기억력 감퇴, 학습 부진, 폭력성 증가, 자살 충동 등 정신적 문제를 일으킬 수 있다.

수맥파의 영향은 수맥의 강도와 노출 시간에 따라 달라진다. 수맥 줄기가 겹쳐 강도가 강하고 노출 시간이 길수록 부정적 영향이 더 심하게 발현된다.

사람이 잠을 자면 뇌파가 4Hz로 낮아져 숙면을 하게 되는데 수맥이 교차하는 잠자리에서는 7~8Hz의 강한 수맥파로 간섭을 받게 된다. 그러면 숙면하지 못하고 뇌파의 안정이 깨져 악몽을 꾸고 일어날 때 개운하지 않고 짜증이 나는 것이다.

하루 24시간 중에서 사람이 한 장소에 움직임이 없이 가장 오랫동안 머무는 곳이 잠자는 장소 즉 잠자리이다. 수면 중에는 무방비 상태로 누워있기 때문에 수맥의 영향을 강하게 받을 수 밖에 없다. 인간의 하루 생활 중 최소 6시간 이상 한 자리에 고정되어 잠을 자는 잠자리가 중요한 이유이다.

잠자는 동안 인체 세포의 70~80%가 재생되는데, 낮 동안에 육체적, 정신적, 심리적 피로와 스트레스를 이완시키는 과정이다. 숙면 상태일 때는 면역기능이 활발히 진행되지만, 만약 수면 중에 무방비로 수맥파에 장시간 노출된다면 생체리듬이 먼저 깨지게 되고, 이어서 호르몬 분비가 교란되며, 혈관 관련 질병이나 백혈병 그리고 암을 발생시키기도 한다.

무엇보다도 자기장이 모여 있는 곳에 몸이 노출되었는지 아닌지, 즉 수맥파 위에 놓였는지 아닌지도 중요하다. 수맥파와 전자파를 차단하면 잠자는 동안 생체에너지가 회복되고 혈액순환과 호르몬 분비가 잘 이루어질 것이다. 잠을 잘 자면 만성적 피로가 사라지고 인체의 장기가 안정된다.

쉬운 예를 들겠다. 몇 년 전 금산에서 국장으로 정년 퇴임하신 분의 아버지가 99세에 돌아가셔서 문상을 갔었다. 돌아가시기 전날까지도 밭에서 김매고 저녁 잘 드시고 한잠 주무시고 돌아가셨다. 모두가 꿈꾸는 부러운 죽음이었다. 맑은 공기와 터가 좋은 곳에서 사시면 건강을 누리고 장수할 수 있다.

내가 26년간 수맥을 탐사하면서 터를 보았는데, 진짜 좋은 곳에서 사시는 분들은 "80세 되도록 감기 한번 안 앓아 봤다"고 말씀하신다. 집을 보면 기운이 좋아서 통통 튀고 기운이 쫙쫙 뻗는 곳은 무조건 매입하라고 조언한다. 그런 터는 건강도 주지만 부도 같이 주는 곳이다.

2. 수맥파를 차단하면 좋은 잠을 잘 수 있다

수면은 우리가 건강을 유지하는 필수 요소이다. 충분한 휴식을 하지 않으면 일상적인 활동에서도 성과가 떨어지고 몸 상태가 나빠지기 때문에 질병의 발생 위험이 높아질 수 있다. 수면부족은 인간의 생산성, 창의성, 행복 그리고 건강에 부정적인 영향을 미친다. 수면부족이 장기화되면 인지기능이 감소하고, 고혈압 당뇨 비만 심장병 뇌졸중까지 신체의 건강을 위협하게 된다. 신체뿐 아니라 우울증이나 불안 등 정신건강을 위협하게 된다..

수맥차단재를 사용하기 전에 잠자리를 옮길 장소가 있으면 이동시키는 처방이 먼저이다. 아래의 예처럼 바로 좋아질 수 있다.

아기들은 아직 세상의 때가 묻지 않은 본래 순수한 존재이다. 그래서 아기는 잠자리가 편안하지 않으면 뒹굴뒹굴 좋은 자리로 굴러가서라도 잠을 잔다. 영동 학산에서 6개월 된 아기가 잠을 자지 못하고 계속 울고 있어서 수맥 체크 의뢰가 들어왔다. 다행히 같은 공간에서 아이의 잠자리를 수맥이 없는 좋은 포인트로 옮겨 주었다.

오래 전 일로 아내가 학부모 모임을 하고 와서 내게 다음과 같은 말을 했다. 초등학교 4학년 쌍둥이 형제가 새벽 2~3시에 꼭 깨서 엄마방으로 달려왔다. 하얀 소복을 입고 머리가 긴 여자가 나타나서 이야기 하자고 자꾸 쫓아온다고 제각각 형제가 똑같이 말했다. 나는 아내에게 그집을 방문해서 수맥을 체크해도 되겠냐고 물어봐 달라고 했다.

 집에 방문을 해서 보니 쌍둥이 형제는 제 나이 또래보다 쇠꼬챙이처럼 말랐다. 밤마다 잠에서 깨어서 뒤숭숭하게 설치기 때문인 것 같다. 역시나 아이들 방에 큰 수맥이 지나갔다. 남편이 덤프트럭 운전기사인데 황금 달마대사를 벽에 걸어 놓고 춘천 옥돌을 아이들 방에 놓아두었다. 티비에서 수맥에 대한 방송을 보고 그냥 샀다고 하였다. 그런 것들은 수맥차단재의 역할을 전혀 못한다.

 전세를 사는 집이라서 수맥차단재를 권하고 싶지 않았다. 나는 아이들의 침대를 거실로 옮기라는 처방을 했다. 이후에 아이들이 악몽으로 잠을 깨는 일 없이 숙면을 해서 살도 찌고 무럭무럭 잘 자랐다.

쌍둥이가 쇠꼬챙이처럼 비쩍 마른 이유는 숙면을 하지 못했기 때문이다. 많이 알려진 이론으로 잠잘 때에 멜라토닌 호르몬이 활발하게 분비된다. 멜라토닌과 성장호르몬 등은 밤 10시~새벽 2시까지 가장 많이 분비된다. 깊은 잠에 빠지면 뇌파는 4hz 이하가 된다. 수면이 중요한 이유는 깊은 잠을 자는 수면 단계에 모든 장기가 피로를 회복하고 몸 안에 들어온 나쁜 물질이나 세포의 손상을 복구시키는 등 인체의 에너지를 보존하며 호르몬 분비를 돕기 때문이다.

잠을 자면서 꿈을 통해서 기억을 정리해주고 잊을 것은 잊게 해주는 중요한 기능이 있다. 성장 호르몬이 원활하게 작용할 수 있게 해주고, 인체 면역력도 키워준다. 6~8시간 정도씩 충분한 잠을 자야 좋은 컨디션으로 건강하게 생활할 수 있다. 수면 시간은 인체의 면역기능을 증강시키는 에너지 보충시간이라고 할 수 있다. 그런데 이 시간에 수맥파라는 유해한 파동을 장시간 되풀이해서 받는다면 심각하다. 생체리듬이 방해를 받아 면역기능이 와해될 위험이 있다.

수면의 질을 높이는 것이 현대인에게 중요한 화두로 대두되고 있는데, 규칙적인 수면습관이 가장 중요하고, 빛을 차단하거나 소음

차단, 스마트 기기를 보지 않는 등 침실 환경도 중요하다. 규칙적인 운동과 건강한 식습관 스트레스 관리 등 건강한 라이프 스타일을 유지하면 불면증이나 만성적인 수면 부족을 개선할 수 있다. 운동은 엔돌핀과 세로토닌 같은 행복물질을 분비하게 만든다.

 운동을 꾸준히 하면 나의 삶을 주도적으로 살게 만들 엔진을 장착할 수 있으며 내게 주어진 일상에서 의미를 찾지 않고 나만의 의미를 부여할 수 있다. 나의 잔잔한 기쁨 중의 하나는 어머니와 함께 동네를 산책하는 것이다.

 인간의 신체는 햇빛의 주기와 맞추어져 있는 생체리듬에 맞춰 살아야 건강할 수 있다. 낮에는 최대한 햇빛을 많이 받으면 뇌의 송과체가 햇빛을 감지하며, 밤에 숙면을 취할 수 있다는 것은 누구나 다 알고 있는 사실이다. 먼저 잠을 잘자는 것이 면역의 핵심이다.

3. 수맥과 암 발생

수면이 중요하다는 일반적인 이야기를 하다가 갑자기 수맥이 암
발생과 관련이 있다는 이야기를 하니 의아하게 생각할 수도 있다.
그러나 수맥이 암을 발생시킨다는 이론은 상당히 광범위하게 받아
들여지고 있고 오랫동안 연구축적이 많이 되어있다. 암은 몸의 저항
력이 약해졌을 때 발병한다. 수맥파에 노출되면 혈압이 높아지고 인
체의 기가 가로막혀 면역력이 떨어진다.

암은 점차적으로 면역체계가 손상되었을 때 발생하는 질병이다. 유
럽의 여러 의학자들은 인간의 잠자리에 수맥이 지나가 잠자는 동안
장시간 수맥파 등에 지속적으로 반복적으로 노출되면 각종 호르몬
에 이상이 생기며 저항력과 면역력이 떨어지며 결국은 암에 치명적
인 요인으로 작동한다는 연구논문이 많이 축적되어 있다. 암 환자의
대부분은 수맥파와 아주 밀접한 상관관계를 갖고 있다.

널리 존경 받는 암 전문가인 한스 니퍼(Hans Nieper)박사는 그
의 저서 「기술 의학과 사회의 혁명Revolution in Technology

Medicine and Society」에서 "내가 시작한 연구에 따르면, 내가 검사한 모든 암 환자의 최소 92%가 특히 잠자는 장소와 관련하여 지정학적으로 스트레스를 받는 지역에 장기간 있었다"고 말했다.

"암이 위치 질병(disease of location)이라는 사실이 독일과 다른 유럽 국가의 암 전문의사들 사이에서 널리 받아 들여지고 있다. 지질학자(geobiologists)들의 조언에 따라 환자들은 필요한 경우 더 안전한 위치로 침대를 옮긴다. 이러한 수맥과 관련된 다른 심각한 질병에도 수맥자리와 관련이 있다는 인식이 많이 확산 되었고, 많은 의사와 암 전문가들은 환자의 집을 조사하기 위해 지질학자의 서비스를 사용한다.

독일 베를린 샤리트병원 암연구소장을 지낸 폴 시거(Paul G. Seeger)박사는 아무리 편견이 있다 하더라도 병원성 지전류(earth currents) 영향의 존재에 대한 증거를 무시할 수는 없다고 말했다. 제도권 의사로서 전 세계 수백 개 암 연구소가 암의 원인에 대한 설득력 있는 증거를 찾지 못한 채 수십 억 달러를 지전류에 대한 정밀조사에 쓰이지 못했을까? 왜 이 새로 발견된 지식은 암 예방에 적용되지 않았을까? 하고 강력한 의문을 제기했다.

 독일의 다우저인 바론 폰 폴(Baron von Pohl)은 1929년에 당시 바이에른에서 1인당 암 사망률이 가장 높았던 빌스비부르크라는 작은 마을을 폐쇄하라는 요청을 받았다. 그는 암 희생자들의 잠자리와 마을을 지나가는 샤 강의 수로가 100%의 상관관계가 있다는 것을 발견했다. 그는 1930년 그라페나우에서 이 주에서 가장 낮은 암 발병률이 다시 명백한 상관관계를 발견했다. 그는 교차하는 개울에서 암을 발생시키는 수맥을 평가하는 척도를 개발했다.

 폰 폴은 슈테텐 시에서 이 도시의 의학 협회 회장인 하거 박사와 함께 조사를 반복했는데, 지난 21년 동안 암으로 사망한 5,348명의 사람들 모두의 침대 밑으로 '극도의 지전류(deadly earth currents)'가 흐르고 있다고 선언했다.

 이것은 일부 과학자들과 의료 공학자들이 그 문제를 더 깊이 조사하도록 영감을 주었고, 생명체와 지구의 물리적, 화학적 환경 사이의 관계에 대한 연구를 나타내기 위해 일부 독일의 다우저들은 지구

생물학이라는 용어를 채택했다. '지질생물학자들'은 수맥탐사와 과학적 도구를 사용하여 지질병리학적 그리고 전자기적인 스트레스 모두를 위한 집들을 조사하는 것을 전문으로 한다.

하거 박사(Hans-Heinrich Hager, 1949~)는 암 치료에 대한 새로운 방법을 연구하기 시작했다. 그는 암의 원인이 면역 체계의 이상이라고 생각했으며, 면역 체계를 강화하는 방법으로 암을 치료할 수 있다고 주장했다.

그의 연구에 따르면, 암 환자의 집이나 직장 주변에 수맥이 있는 경우가 많았다. 또한, 암 환자의 침대나 의자 아래에 수맥이 있는 경우, 암세포의 증식이 더 빠르게 진행되는 것으로 나타났다. 이러한 연구 결과를 바탕으로, 암 환자는 수맥으로부터 멀리 떨어져 생활하는 것이 좋다고 주장했다. 또한, 수맥을 차단하는 방법으로 암을 예방하거나 치료할 수 있다고 주장했다.

일부 전문가들은 하거 박사의 주장이 과학적으로 그의 연구 결과를 뒷받침할 충분한 증거가 없다고 지적한다. 하지만, 그의 주장은 암과 수맥의 관련성에 대한 관심을 불러일으켰으며, 현재도 관련 연구가 계속해서 진행되고 있다.

 이전에도 언급했듯이 수맥의 파장을 지속적으로 인체가 받게 되면 결국 세포의 변이가 일어나며 암을 발생시키는 기제가 된다. 우리가 일상생활에서 전자파에 대한 인식은 많이 알려져 있다. 이제는 수맥 파에 대해 알아야 할 때가 되었다.

 수맥파는 지구에 방사하는 유해파의 일종이다. 지구의 중심부에서 발생되는 복사 에너지는 자연적인 성격을 지니고 있다. 지표면까지 자연파가 뚫고 올라오면서 수맥을 접하게 되면 서로 간섭하면서 불규칙한 변조파가 되면서 인체의 면역기능을 건드리며 자연치유력까지 손상시킨다.

 미국의 갈윈(Melvin Galwin)박사는 수맥학에 대한 연구로 잘 알려진 의사이다. 뉴욕대학교를 졸업한 후 여러 병원에서 근무하며 수맥학에 대한 관심을 키웠다. 그는 수맥이 인간의 건강에 영향을 미칠 수 있다고 주장했다. 그는 수맥이 인간의 몸에 전기장을 생성하며, 이러한 전기장이 건강에 영향을 미친다고 주장했다.

갈윈 박사의 연구에 따르면, 수맥이 있는 지역에서 자란 식물은 수맥이 없는 지역에서 자란 식물보다 성장이 더 느리고, 병에 걸리기 쉽다. 또한, 수맥이 있는 지역에 사는 동물은 수맥이 없는 지역에 사는 동물보다 건강에 문제가 더 많다. 이러한 연구 결과를 바탕으로, 수맥이 인체에 부정적인 영향을 미칠 수 있다고 주장했다. 그는 수맥이 있는 지역에서 생활하는 사람들에게 수맥을 차단하는 방법을 권장했다.

수맥은 지각 아래에 있는 지하수의 흐름을 따라 형성된 선형 구조이다. 수맥은 전기장을 생성한다. 수맥의 전기장은 인간의 몸에 영향을 미친다. 수맥이 있는 지역에서 생활하는 사람들은 수맥의 전기장에 노출되어 건강에 문제가 생길 수 있다. 한마디로 합리적인 주장이다. 한마디를 더하자면 뇌파를 교란 시키는 비정상 파동인 수맥파가 방바닥 아래에 흐르고 있다면 인간에게 미치는 부정적 영향은 막대하다.

수맥파 즉 지질병리학적 스트레스는 특정한 지리적 위치가 전자파 장애 또는 지질학적 요인들에 의해 야기되는 부정적인 에너지 장들을 방출하여 한 사람의 건강과 웰빙에 부정적인 영향을 미칠 수 있다는 용어이다. 이러한 부정적인 영향이 자연적으로 발생하는 전자 기장 또는 지질학적 요인에 의해 발생할 수 있다는 뜻이다.

현재 독일에서는 집을 지을 때 수맥을 피해 짓도록 하는 법은 건축법의 기본 원칙 중 하나로 자리 잡고 있다. 독일의 건축법인 Baugesetzbuch(BauGB) 제35조 제4항에는 "건축물의 기초는 수맥의 영향을 받지 않도록 하여야 한다."라고 명시되어 있다.

이 법이 처음으로 제정된 것은 1900년대 초반이다. 당시 독일에서는 수맥이 건축물의 안전과 건강에 미치는 영향에 대한 인식이 높아지고 있었다. 이에 따라, 독일 정부는 건축법을 개정하여 수맥에 대한 조사를 의무화하고, 수맥의 영향을 받지 않도록 건축물을 설계하도록 규정하였다.

이후, 독일의 건축법은 수맥에 대한 규정을 더욱 강화해 왔다. 1960년대에는 수맥의 흐름을 차단하는 장치를 설치하도록 규정하였고, 1970년대에는 수맥의 영향을 받지 않도록 건축물을 설계하도록 규정을 더욱 강화하였다.

이 법은 수맥으로 인한 건축물의 안전사고와 건강 피해를 예방하기 위한 중요한 조치로 평가받고 있다. 건축물의 기초는 수맥의 영향을 받지 않도록 하여야 하는데 수맥이 건축물의 안전과 건강에 영향을 미칠 수 있다는 우려에서 제정되었다.

수맥은 지하수의 흐름에 따라 지반의 압력이 불균일해질 수 있으며, 이는 건축물의 기초가 침하하거나 균열을 일으키는 원인이 될 수 있다. 또한, 수맥은 지하수의 오염 물질을 건축물로 유입시킬 수 있으며, 이는 건강에 악영향을 미칠 수 있다.

독일에서는 수맥을 피해 건물을 지어야 하기 때문에, 건축주가 건축 허가를 신청할 때 수맥에 대한 조사 결과를 제출하도록 하고 있다. 또한, 건축 허가권자는 건축물의 설계가 수맥을 피해 짓도록 되어 있는지 여부를 확인한다.

 수맥을 피해 건축을 하려면 건물의 기초를 수맥의 흐름과 반대 방
향으로 짓거나, 수맥의 흐름을 차단하는 장치를 설치하는 등의 방
법이 있다.

04
수맥과 환경

"수맥이나 자기맥 그리고 지전류,
고농도 전자파 등의 주파수와 파동에 노출된
인간의 몸은 항상성을 유지하기가 힘들다."

수맥(Geopathic Stress지질학적 스트레스)이 우리의 삶에 미치는 영향에 기여해 온 다양한 문화적 전통으로부터 많은 연구가 고대부터 있어 왔다.

"지질학적"이라는 단어는 그리스어로 "지구"를 의미하는 "Geo"와 "질병" 또는 "고통"을 의미하는 "pathos"에서 유래되었으므로 문자 그대로 "지구의 고통"이다. 지구의 에너지는 나쁠 수도 있고, 좋을 수도 있고, 중립적일 수도 있다. "지질학적 스트레스"라는 용어는 지구에서 뿜어져 나와 지표면에 사는 사람들에게 불편함과 병을 일으키는 "해로운 지구 광선"이라고도 알려진 부정적인 에너지를 설명하는 데 사용된다.

중국 황제 광유 (Kuang Yu (2205-2197 BC)는 "건물 부지가 지구 악마로부터 자유롭다는 것을 확인하기 전에는 어떠한 주거지도 건설할 수 없다."는 칙령을 선포했다. 천수샤오(Chen Su Xiao (1332 AD)는 "지하 지역에는 흙과 바위의 층이 번갈아 있고 흐르는 샘물이 있다. 이 지층들은 수만 개의 가지, 정맥, 실과 같은 구멍에 분포되어 있는 수천 개의 증기 위에 놓여 있다.… 지구의 몸은 사람의 몸과 같다"라고 설파했다.

이처럼 신비한 지하 에너지에 대한 지식과 그것들의 정확한 위치를 탐사하는 능력은 세계의 다른 지질학적 전통만큼이나 필수적이다.

1. 수맥 이론과 탐사

조지 라홉스키(George Lakhovsky)는 '지오파시(Geopathy)'라는 용어를 만들었고, 1930년대에 처음으로 지질병리학적 스트레스가 인체를 정상보다 훨씬 높은 주파수로 진동하게 하고, 면역 체계에 영향을 주어 사람들이 바이러스, 박테리아, 기생충 및 환경 오염에 더 취약하도록 만들 수 있다고 주장했다.

수맥(水脈)의 사전적 의미는 '지하수의 물줄기'로 지하에서 끊임없이 흐르고 있는 물줄기인데 그 물길에서 파동이 발생한다. 각종 미네랄의 혼합물이 물에서 융해되면서 특수한 '파'를 방출하는데 이

것을 수맥파라고 한다.

 비나 눈이 내리게 되면 하천이나 강을 통하여 흘러가고 나머지는 땅 밑으로 스며든다. 지표면의 흙은 수분을 흡수하는데 흙이 더이상 흡수하지 못하면 흙과 흙 사이로 계속 내려가다가 물을 흡수 할 수 없는 암반을 만나면 고이게 된다. 암반에 균열이 있거나 엇갈린 단층과 단층 사이에 고였던 물은 지구의 중력작용을 받으며 흐르다가 수맥을 형성하게 된다.

 수맥이란 지하에 흐르는 중력수(重力水) 혹은 유리수를 말한다. 중력수란 기계를 사용하여 퍼 올리지 아니한 상태에서 수로를 통하여 자연스럽게 흐르는 물이다. 토양에 물이 많게 되면 모세관을 채우고 남은 물은 큰 공극으로 옮겨져서 중력에 의해 흘러내린다.

 지표면 아래 물은 중력에 의해 계속적으로 흐른다. 수맥은 인간의 몸 안에 흐르는 혈액의 흐름과 같다고나 할까? 인체의 혈관처럼 땅도 흐르는 수맥에 따라 땅의 기운이 달라지기도 한다. 지하수는 순환하면서 물길이 합해지고 물리적 힘을 가지게 되고 수맥파를 방출

한다. 수맥 위에서 생활하면 피로감이 심하고 머리가 멍해지며 집중력이 떨어지고 숙면을 취할 수 없다.

 진찰을 받아도 별 이상이 없다고 하는데 머리가 무겁고 피곤한 증상을 보인다. 수맥 위에선 나무가 시들거나 비틀어지고 이유 없이 말라 죽기도 한다. 또한 건물의 외벽에 수직의 균열을 만드는데 바로 수맥의 영향 때문이다. 지반 아래 토양이나 바위 틈새에 수맥이

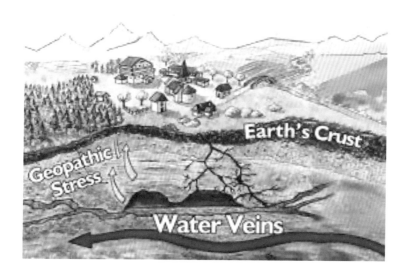

흐르고 있을 경우 물이 고갈되면 빈 자리가 수축하면서 내려앉아서 토사가 무너지거나 건물 외벽에 균열이 생기거나 식물이 고사하기도 한다.

수맥 탐사기술은 독일에서 주로 발달되었다. 유럽은 퇴적층으로 이뤄져 있기 때문에 물길을 찾기가 쉽지 않아서 지하수를 찾는 기술이 발달되었다.

수맥 이론은 먼저 유럽에서 시작되었다. 수맥 탐사는 유럽에서 순수하게 물을 찾기 위해 발달한 기술로 알려져 있다. 1880년 경 천주교 선교사에 의해서 우리나라에 전해졌다고 알려져 있다. 우리나라에 온 천주교 신부들이 우물을 찾거나 가뭄이 든 논에 관정을 뚫기 위해 활용하던 것이 그 시초다. 수맥의 좋은 사용은 관정을 파서 뽑아 올려 지하수를 이용하는 경우이다.

이외에는 부정적인 작용을 한다. '수맥파'는 유해 지자기파의 일종이다. 전파나 음파와 같이 수맥파는 높이를 초월한다. 수맥이 인체에 왜 해로운가를 알기 위해서는 전자기파에 대한 이해가 앞서야 한다. 지구 심층부에 우라늄이나 광맥, 단층에서 방사되는 전자기파가 지표로 진행하다가 지층에 일정한 방향으로 흐르던 수맥을 만나게 되면 더욱 강해지는데 이것이 수맥파이다.

 수맥파는 지상으로 수직상승 하면서 전달되는 파동 에너지로 강력한 저주파(10mhz)로서 인간에게 위험한 결과를 초래한다. 고압선 가까이에 사는 아이들이 백혈병 발병률이 높아지는 등 전자기파의 피해들이 계속 밝혀지고 있다. 생체리듬을 깨뜨려 각종 질병을 일으키는 수맥파에 대해 인식해야 할 때이다.

2. 수맥 형성 과정

지구에서 수맥은 다양한 지질학적 과정을 통해 형성된다. 지표면에 떨어진 비나 눈은 지표면 아래로 스며들어 지하수를 형성한다. 이 지하수는 지층의 투수성과 경사에 따라 흐르게 되며, 이 흐름이 수맥을 형성한다. 투수성이 높은 지층은 지하수가 쉽게 흐르도록 하여 강력한 수맥을 형성한다.

지구의 지각 변동으로 인한 단층 활동은 지층을 변형시키고 새로운 통로를 형성하는데 이 통로가 지하수가 흐르는 수맥 역할을 할 수 있다. 강수, 바람, 파도 등의 자연적인 힘은 지표면을 침식하고 풍화시켜 지형을 변화시키는 과정에서 지하수 흐름 경로와 수맥 형성에 영향을 준다.

화산 활동은 지표면 아래에 마그마를 형성하고, 마그마가 식으면서 다공성이 높은 지층을 형성한다. 다공성 지층은 지하수 저장 공간 역할을 하여 강력한 수맥을 형성한다. 지구의 자기장, 지표면의 기울기 등 다양한 요인이 수맥 형성에 영향을 준다.

믿어지지 않겠지만 아프리카의 동굴 벽화에도 수맥을 나타내는 그림이 발견되었고, 유럽의 고대 건축물에도 다양한 증거가 포착되었다. 유럽에서는 독일이 가장 먼저 수맥 이론이 발달했다.

GEOPATHIC STRESS

독일에서 수맥 이론이 발달한 이유는 크게 두 가지로 볼 수 있다. 첫째, 독일은 산악 지형이 많고, 지질 구조가 복잡하여 지하수의 흐름이 다양하다. 따라서 수맥 이론이 발전할 수 있는 자연적 조건이 갖추어져 있다.

둘째, 독일은 18세기부터 과학기술이 발달하고, 실험 정신이 강한 사회였다. 이러한 분위기 속에서 수맥에 대한 연구가 활발히 이루어졌다. 18세기 독일 튀링겐주 에르푸르트에서 태어난 의사 폴 에르빈 폰 히르트(Paul Ernst von Hirt, 1697-1773)는 수맥 전문가로 알려져 있다.

수맥을 지하의 맥과 같은 구조물이라고 주장하는 그는 수맥이 지하수의 흐름을 조절하고, 생명체에 영향을 미친다고 믿었다. 그는 수맥을 이용하여 암석의 종류를 구별하고, 지하의 지형을 파악하는 방법과 광물을 발견하는 방법도 연구했다.

히르트는 1728년에 출간한 저서 "수맥학(수문지리학 Hydrogeography)"에서 수맥에 대한 자신의 연구 결과를 발표했다. 이 책은 수맥에 대한 최초의 체계적인 연구서 중 하나로 평가받고 있다. 히르트는 수맥을 이용한 광물 탐사에 성공한 것으로도 유명한데, 1740년에 독일 튀링겐주에 있는 광산에서 수맥을 이용하여 금을 발견했고, 유럽 전역에서 유명해졌다.

히르트의 연구는 수맥학의 발전에 큰 기여를 했다. 그의 연구 결과는 오늘날에도 수맥 연구에 중요한 참고 자료로 사용되고 있다. 다만, 히르트의 수맥 연구는 현대 과학의 관점에서 보면 과학적 근거가 부족하다는 지적도 있다. 히르트는 수맥을 감지하는 방법으로 로드(rod)를 사용하는 방법을 사용했는데, 이 방법은 과학적으로 검증되지 않은 방법이라고 여겨지기 때문이다.

그럼에도 불구하고, 히르트는 수맥에 대한 연구를 통해 수맥의 가능성을 보여준 최초의 인물 중 한 명으로 평가받고 있다.

19세기에는 수학 물리학 경제학 분야의 명문가인 독일 베르누이 (Bernoulli) 가문이 수맥 이론을 발전시켰다. 5대에 걸쳐 10명 이상의 뛰어난 과학자를 배출했는데, 수맥을 지하의 유체 흐름으로 이

해하고, 수학적 모델을 사용하여 수맥의 흐름을 예측하는 방법을
연구했다.

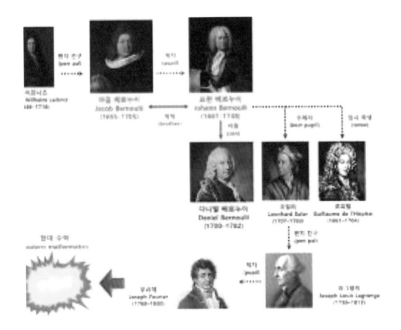

ghebook.blogspot.com
베르누이 가문

독일에서 발달한 수맥 이론은 유럽 전역으로 전파되었으며, 오늘날에도 많은 사람들이 수맥의 영향에 관심을 가지고 있다.

위의 내용은 지하수와 수맥의 형성과 인류사회의 발달과 밀접한 상관이 있다는 개괄적인 이론이다.

이 책에서 집중하는 내용으로 포커스를 맞춰, 주거지역에 원치 않는 수맥이 흐를 때의 문제점으로 돌아가자. 수맥이 흐르는 곳 바로 위에서 살고 있을 경우에 다양한 질병의 원인이 될 수 있다. 자기맥은 자력선의 에너지이다. 의사들이 발견한 자기맥은 하트만 라인과 커리 라인 등이 있다. 자기맥은 격자무늬로 발생하는데 파동이 교차하는 지점이 가장 해롭고 위험하다고 받아들여진다.

에른스트 하트만 (Ernst Hartmann, 1912-1992)은 독일의 의사이자 지질학자였으며 지리병리학 분야의 개척자 중 한 명이었다. 하트만은 질병이 환자가 거주하거나 시간을 보내는 위치에 의해 영향을 받을 수 있다는 아이디어를 제안했다.

하트만은 지구 방사선 선의 글로벌 그리드가 존재한다고 주장했다. 이 선들은 신체의 에너지 흐름을 방해하고 다양한 건강 문제에 영향을 끼친다고 믿었다. 그는 이러한 선들과 교차하는 장소와 같은 특정 위치가 질병에 더 취약할 수 있다고 주장하였다.

하트만의 이론은 여전히 논란이 많고 과학계에서 널리 받아들여지지 않았지만, 1985년에 출간된 그의 책「질병은 위치문제 Illness as a Problem of Location」(Krankheit als Standortproblem)」에서 특정 질병이 특정 지역에서 왜 더 흔한지 설명하면서 환경 요인과 건강 간의 잠재적인 연결에 대한 관심을 불러 일으켰다. 그의 아이디어는 지질병리적 스트레스(geopathic stress/ Pathogenic Zone병원성 지대로 수맥 지대를 뜻함) 및 대체 의학과 같은 분야에서 계속 연구되고 있다.

하트만의 지구 방사선 선과 질병 간의 직접적인 연관성을 뒷받침하는 과학적 증거는 제한적이라는 한계를 가지고 있지만 수맥과 관련 분야에 점차 심도 깊은 연구결과가 나올 것이라 기대한다.

인생을 살아가는데 이상하게 자신에게 좋지 않은 일이 계속 발생하는 경우가 있다. 정확한 인과관계를 따지거나 유추하지 못한다 하더라도 감당하기 힘든 사건들이 연이어서 나의 삶을 위협하는 경우도 마찬가지이다.

 지하에서 대단히 강한 압력을 가지고 흐르는 수맥의 파장은 콘크리트 벽에 금이 가게 될 만큼 강하다. 수맥은 끊임없이 움직이며 지표면을 균열시키고 바위도 흔들며 흘러간다. 일정한 파와 기를 내뿜으며 흘러가기 때문에 수맥이 통과하는 지상의 벽, 아스팔트 도로에 금이 생기며 돌출되기도 한다.

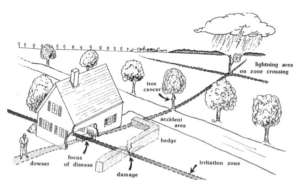

Various effects of underground water veins as illustrated by Dr. Joseph Kopp

3. 수맥이 인간에게 미치는 영향

캘리포니아 공대(California Institute of Technology (Caltech))
의 커시빙크 박사(Dr. Joseph Kirschvink, 1953~)는 2006년, 수
맥과 지구 자기장의 관계에 대한 연구 결과를 발표했다.

지구물리학자이자 지질학자인 그는 수맥이 지구 자기장과 관련이
있다는 가설을 세우고, 이를 검증하기 위한 연구를 수행했다. 그는
수맥 주변에서 지구 자기장의 세기와 방향이 달라지는 것을 관측했
다. 또한, 수맥 주변에서 발견되는 지하수의 자화율이 높다는 것을
발견했다.

커시빙크 박사의 연구 결과는 수맥이 지구 자기장에 의해 영향을
받을 수 있다는 것을 시사한다. 그는 수맥이 생물학적, 지질학적, 환
경적 측면에서 중요한 역할을 할 수 있다는 가능성을 제기했다.

미국과학진흥협회의 회원이자 미국지구물리학연합, 미국지질학회
에서 활동하는 커시빙크 박사의 수맥 연구는 아직 초기 단계에 있지

만, 수맥에 대한 새로운 이해를 제공할 수 있는 잠재력이 있다. 그의 연구는 앞으로 수맥의 활용과 보존에 중요한 역할을 할 것으로 기대된다.

또한 커시빙크 박사는 인간 뇌의 자철광에 대해 연구했는데 2008년, 인간의 뇌에 자철광이 존재한다는 사실을 처음으로 발견했다. 커시빙크 박사는 초전도양자간섭장치(SQUID)를 사용하여 시신으로부터 채취한 인간 뇌 조직을 분석했다. SQUID는 매우 약한 자기 신호를 감지할 수 있는 장치이다. 그는 SQUID를 사용하여 뇌 조직에서 약한 자기 신호를 감지했으며, 이 신호가 자철광으로 인해 발생하는 것임을 밝혀냈다.

커시빙크 박사의 연구는 인간 뇌의 생물학과 기능에 대한 새로운 통찰력을 제공했다. 자철광은 자기장의 영향을 받을 수 있는 물질이다. 따라서 뇌에 자철광이 존재한다는 것은 뇌가 자기장에 반응할 수 있다는 것을 의미한다. 이는 뇌가 자기장을 사용하여 정보를 전달하거나 저장할 수 있다는 가능성을 시사한다.

커시빙크 박사의 연구는 알츠하이머병과 같은 뇌 질환의 연구에도 중요한 의미를 갖는다. 알츠하이머병 환자의 뇌에서는 정상인에 비해 자철광의 양이 더 많이 증가하는 것으로 나타났다. 따라서 자철광의 증가가 알츠하이머병의 발병이나 진행에 영향을 미칠 수 있다는 가능성이 제기되고 있다.

커시빙크 박사의 연구는 인간 뇌의 신비를 밝히는 데 중요한 역할을 하고 있다. 그의 연구는 앞으로도 인간 뇌의 이해를 더욱 넓히고, 뇌 질환의 치료법 개발에 기여할 것으로 기대된다.

커시빙크 박사
(Dr. Joseph Kirschvink, 1953~)

우리나라에서도 수맥에 대해 믿을만한 연구결과가 축적되어 있다. 다음에 2편의 연구 논문의 초록(abstract)을 소개한다.

 수맥파 뿐만 아니라 인체를 구성하는 세포, 조직, 장기 및 근골격도 각기 고유한 파동이 있고 질병의 원인이 되는 독소나 바이러스 박테리아도 고유한 파동이 있다. 이러한 파동은 근반응검사라는 사람의 기감 능력으로 검사가 가능하고 시계열적으로도 검사가 가능하다. 따라서 시기 별로 질병의 발생 시기, 진행의 정도, 잠자리의 수맥 여부, 시기, 통과 부위 등을 고찰한 결과 수맥파에서는 폴로늄 등 5개 독소 파동이 감지되며 수맥 위에 잠자리를 가지면 수맥파가 신체의 모든 관절에 침착되고 있음이 발견되었다.

 이로 인하여 신경계 장애나 신경전달물질의 부족 등을 초래하고 수맥 통과 부위의 암, 파킨슨병, 크론병 등 여러 지병을 악화시키고 있었다. 가장 중요한 폐해는 심리적 역전을 초래하여 건강해지려는 표면 의식의 의지와 다르게 무의식에서는 병 들기를 바라는 부정적 신념이 각인되어 지병은 빠르게 악화되고 치유를 어렵게 만든다.

체내에 침착된 수맥파는 수맥파의 역위상 색채 파동에 의하여 상쇄 소멸 시킴으로써 제독되며 제독 후 심리적 역전은 즉시 사라지고 건강과 병세가 점차 호전됨을 발견할 수 있었다. (강기태 "수맥과 난치병에 대한 고찰(A Study on Water veins and Intractable Disease)" 한국정신과학학회 2019년)

다음 논문은 내가 주장하는 "수맥이 없는 자리로 이동하라"는 내용과 동일하다.

지구상에 분포하고 있는 수맥 자체가 해로운 것이 아니라 수맥으로부터 발생하는 수맥 파가 인체 건강에 해롭다는 것이다. 지구의 고유진동수는 7.83Hz인데 깊은 잠을 자기 위해서는 이 진동수보다 낮은 델타파로 2~3.99Hz의 상태로 내려가야만 가장 깊은 잠을 잘 수 있어 건강을 유지할 수가 있다. 그렇지만 수맥 파가 있는 곳에서 잠을 자게 되면 수맥 파가 뇌파를 간섭하여 잠을 잘 자지 못하고, 악몽을 꾸기도 하고, 자고 일어나도 몸이 개운하지 못하고 피로가 다 풀리지 않아 쉽게 지치고 피곤함을 느끼게 된다.

이 같은 현상이 지속해서 이루어지다 보면 몸의 저항력이 떨어지고 면역력이 약해져서 결과적으로 병을 유발하는 원인이 될 수 있고, 각종 질병을 얻게 되어 건강을 해칠 수가 있다. 즉 수맥파로부터 가장 안전하고 간단히 대처할 수 있는 효과적인 방법은 수맥이 있는 곳은 피하고, 수맥이 없는 곳으로 잠자는 자리만 바꿔도 건강하고 행복한 생활을 할 수 있다는 것을 사례를 통해서 규명하고자 한다. (정재성, 김기찬 "지하수 수맥 파가 건강에 미치는 영향 분석 (Analysis of the health effects of groundwater dowsing)" 산업진흥연구 2024 9권1호)

다우징(Dowsing)은 수맥찾기를 뜻한다. 지하수나 귀금속의 광맥 등 숨겨진 것을 막대기와 진자 등의 장치의 움직임으로 발견할 수 있다고 주장하는 수법이다. 다우징에서 사용되는 도구로는 펜듈럼 다우징(Pendulum Dowsing진자), 로드 다우징(L자형 · Y자형 막대) 등의 종류가 있다.

16세기에 프랑스에서 버드나무로 수맥을 찾는 그림이 나온다. 다우저는 Y자 모양의 나뭇가지나 막대기를 손에 쥐고 특정 물체나

wikimedia.org   wikimedia.org

지하 매장물을 찾으려 하는 장소를 걷는다. 지하의 에너지 변화를 감지하면 나뭇가지나 막대기가 움직이거나 진동한다. 다우저는 움직임을 통해 물체나 지하 매장물의 위치를 파악한다. 다우징의 활용 범위로서 지하수 탐사로 물을 찾거나, 광물 탐사로서 광맥이나 다른 지하 매장물을 찾는 데 사용된다. 고고학 발굴로 고대 유적지를 찾거나 지하 오염이나 누출을 찾는 데 사용되어 환경문제를 해결할 수 있다.

참조) 한국다우징협회: http://www.magazine.or.kr/

서양에서는 17세기부터 다우징 기술이 보급되었다고 한다. 영국의
다우저의 후손들이 17세기부터 미국으로 건너가서 물을 찾는 것을
도와주었다는 기록이 있다. 1900년대 초기에 독일정부가 수맥학과
에 대한 연구기금을 제공하면서 독일이 가장 활발하게 연구가 이루
어졌다. 1933년 영국에 다우저 협회가, 1961년에 미국의 다우저 협
회가 창설되었다.

한국에 기독교가 들어오면서 1836년 프랑스 외방 선교회 신부가
다우징을 전수해 준 것이 정설로 굳어있다. 에밀 신부는 1948년부
터 1973년까지 군부대의 수맥을 500여 군데 찾아내고 우물을 파서
농촌의 발전에 이바지한 공로로 박정희전대통령에게 특별훈장까지
받았다. 에밀 신부의 제자인 이종창 신부와 임응승 신부는 펜듈럼을
주로 이용하셨다.

한국에서 수맥의 시작을 만든 임응승 신부의 저서인 「수맥과 풍수」
의 내용 중에 수맥파는 인체와 정밀기계, 무덤 산사태 발생 등 모든

곳에 나쁜 영향을 주지만 동판으로 차단하면 해결된다고 했다. 최근에는 동판으로 차단하면 그 주위로 수맥파가 퍼져나가기 때문에 차단력이 100%가 되지 못한다는 게 정설로 받아들여지고 있다.

수맥과 자기맥 등이 인체에 부정적인 영향을 준다는 것은 확실하다. 수맥으로 생겨난 병증을 개선하려면 당장 수맥과 자기맥의 영향에서 벗어나야 한다. 일단 벗어나면 급한대로 개선되기는 하지만 그동안 영향으로 손상받은 세포를 회복시켜야 할 것이다.

양자역학에 의해 모든 물질들이 파동과 입자로 구성되어 있다는 것이 이제 일반적인 상식이 되었다. 인간의 몸 역시 주파수와 파동에 의해 진동하고 있다. 파동으로 구성된 인체의 속성 상 수맥과 감응하여 영향을 받는 것은 당연하다. 인간의 몸을 미분하다 보면 60조 개의 세포로 구성되어 있다. 하나의 세포에 모든 정보가 다 들어있다는 미시적 신념과 더불어, 세포가 수맥의 영향을 받으면 세포는 부정적인 에너지일 수밖에 없다. 축적된 수많은 논문과 연구 이론의 결론은 거의 비슷하다.

수맥이나 자기맥 그리고 지전류, 고농도 전자파 등의 주파수와 파동에 노출된 인간의 몸은 항상성을 유지하기가 힘들다. 고유한 몸 파동이 간섭을 받아서 질병을 일으키기 때문이다. 수맥은 불면증이나 피로, 그리고 원인을 알 수 없는 통증의 원인이 된다. 동시에 고혈압이나 혈전 당뇨 그리고 암이나 백혈병 등과 관련이 깊다.

 현대인들에게서 뗄래야 뗄 수 없는 휴대폰을 귀에 대고 오래 통화를 하다 보면 휴대폰이 열이 발생해서 뜨거워진 경험이 누구나 있을 것이다. 눈에 보이지 않는다고 해서 존재하지 않는다고 부정하는 태도는 옳지 않다.

 만약에 당신이 원인이 규명되지 않은 병증에 현재 시달리고 있다면 수맥파 체크를 받고 수맥과 자기맥의 영향력에서 벗어나면 그만이다. 그리고 수맥과 자기막에 의해 손상된 세포를 회복시켜야 한다. 약한 수맥파나 자기장이라면, 영향을 받은 시간이 짧다면 자리를 이동하는 것만으로도 눈에 띄게 좋아진다.

만성 질환뿐만 아니라 병증을 치료하기 위해 병원 처방을 받고도 좋아지지 않는다면 잠자리에 수맥과 자기맥이 교차하는 경우가 대부분이다. 심각하고 중대한 질병과 심혈관 질환, 암 환자들의 잠자리는 가장 좋지 않은 장소 즉 수맥과 자기맥이 강하게 몇 겹으로 중첩되어 교차하고 있었다.

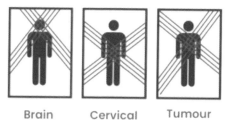 

| Brain Tumour | Cervical Cancer | Tumour In RH Lung | Prostate Cancer | RH Breast Cancer |

https://auravaastu.com/geopathic-stress

05
나의 비전

"지금 이 순간의
나의 모든 생각과 나의 오롯한 선택이
나의 미래를 만든다."

인생은 한순간도 결코 멈춰 있지 않다. 매 순간이 현재로서 생각을 통해 과거를 만들고 미래를 만들지만 새롭고 온전하다. 지금 이 순간은 나의 모든 생각과 나의 오롯한 선택이 나의 미래를 만든다. 나는 과거에도 미래에도 매달리지 않는다. 오직 지금, 나를 치유할 사람은 오직 나 일 뿐이다. 나의 감정과 나의 생각이 발화되는 순간 나의 미래를 결정하게 된다. 생각과 감정에 의미를 부여하는 주체자도 바로 나 자신일 뿐이다.

나는 50대 중반인데 사업은 언제나 처음처럼 진실하고 정직하게 사업을 해 운영해왔다. 한편으로 수맥 분야에서 26년 세월 동안 여러 사람들의 자리에 대해 옮겨주고 컨설팅해 오다 보니 터에 대한 부분이 정말 중요하다고 확신했다. 사람들이 주로 신비하다는 표현을 하는데 이 자리에서 저 자리로 옮긴다는 것이 실질적으로 눈에 보이니까 홍보하고 안내하고 그분들에게 송재승을 아는 사람들이 건강한 삶을 살도록 하는 게 나의 꿈이고 목표가 되고 있다.

봉사활동은 국제지도위원으로 2009년부터 2022년까지 14년 동안 활동했고, 국제기능올림픽대회에 국제심사위원으로서 일곱 번 출전했다. 이 활동은 명예직이다. 초창기에는 30만 원 정도 받기는 했지만 사실 보수를 바라고 하지는 못 한다. 국제지도위원 타이틀은 거의 국가대표 선발 시작부터 대회에 나가도록 지도해주는 역할로 봉사라고 할 수 있다.

1. 건설 사업을 운영하다

 IMF로 인해 건설업계가 많은 어려움을 겪을 시기에 나는 원양건설(주)을 인수하였다. 제품 개발과 기술 특허 등록을 통해 방수 전문 특화기업으로 성장하면서 민간공사에서 차츰 관공사로 비중을 늘려가기 시작했다. 가장 중요한 인력관리와 기술개발을 통한 대외경쟁력을 높이기 위해 조직관리와 기술개발에 전념하였다. 지금은 기술개발을 통한 특허 출원을 하여 방수제품을 OEM 식으로 공급 받아서 관공서와 기관에 설계 반영을 통한 수주를 하고 있다.

 고등학교 졸업을 몇 달 앞둔 시기부터 10여 년의 현장 생활이라는 경험으로 건설업에 대한 애정이 생겼으며, 관련 대학과 대학원에서 실무를 바탕으로 박사학위를 취득했다. 건설분야에 없어서는 안 되는 중요한 방수 분야 시장은 무궁무진하기에, 특화된 기술력으로 승부하면 승산이 있겠다는 믿음이 있었기 때문에 방수재에 대한 국내외 자료를 입수하여 연구하던 시기였다.

2009년에 특허 제10-0012923호(방수시트의 맞물림이음구조가 적용된 통기성 단열 방수구조), 특허 제10-0917254호(파라펫구조물의 통기성 방수구조)를 바탕으로 방수전문업체로서 입지를 견고하게 확립했다.

선진국일수록 기존 건물의 유지·관리와 보수에 공을 들인다. 비용 면에서도 유리하지만, 건물 고유함과 익숙함, 안정감과 상징성 역사성에 방점을 두는 문화적 합의 때문일 것이다.

우리나라는 사계절이 뚜렷한 날씨로 인한 건물의 빈번한 하자로 건물의 유지·관리 보수는 필수사항이다. 건물이 노후하면서 누수 현상을 예방 또는 조치하기 위한 방수 사업이 건축분야에서 중요한 자리를 차지하고 있다. 최근 저탄소 녹색성장이 이슈화되면서 건축

분야에서도 많은 변화가 나타남에 따라 건축물의 에너지 축적과 절약 측면의 연구가 중요한 과제중 하나라고 생각한다.

 내가 운영하고 있는 대전지역 방수 전문 업체인 원양건설(주)은 방수 시공에 쓰이는 제품을 자체 개발 제작해 차별성을 두고 있다. 여러 개의 특허 중에 PPAS-W복합방수공법을 주력으로 하고 있다. PPAS-W복합방수공법이란 기존의 방수공법의 콘크리트 바탕면의 상태와 방수막 보호용 누름 콘크리트, 파라펫 수직방수층 보호벽 등의 문제점을 보완, 방수는 물론 단열, 보온, 슬라브의 결로 방지에 탁월한 공법이다.

 특징으로는 4중 방수 효과와 세밀한 방수구조 대부분 완제품으로 숙련도가 많이 요구되지 않아 누구나 손쉽게 시공이 가능하고 공사 기간이 짧다. 또 시트 간 조인트 접착 시, 열 융착을 하지 않으며 시트의 변형이 없고 들뜸 현상이 없다. 이밖에 경량재질 자체 생산으로 고층 운반 또는 이동에 따른 운반비 절감에 효과가 있다.

우리 원양건설의 방수 사업의 80% 이상을 PPAS-W복합방수공법을 자체 개발한 공법과 재료로 소비자의 요구에 맞춰나가고 있다.

종합건설이 사업 낙찰을 받으면 협력업체들이 참여하는 형태 대부분이 최저가로 참여하게 되면서 들어가는 재료와 인력 등에서 품질이 저하될 수밖에 없는 현실을 개선하려고 노력해 왔다. 엠보싱 방수패드 특허 결정, 배수관 클리너 특허 출원 등 끊임없는 기술개발과 고객 위주의 경영을 하고 있다.

건설현장에서 30년 이상 숙련 기술인 방수시공 현장의 외길을 걸었다. 작은 화장실부터 대형 건축물까지 나의 손이 거치치 않은 곳이 없을 정도로 방수 분야 최고 전문가가 되었다. 방수분야는 건설업의 잡일 정도로 폄하되는 분야였다. 하지만 방수는 모든 건축의 기본이 되며, 방수의 경우 화장실부터, 대형 건축구조물, 댐, 교량 등에 중요한 부분이다.

2. 독보적인 방수분야 사업

2001년도에 서울 소재 협약 업체의 제품들을 사용했다. 2007년에서 2008년에 특허 공법 때문에 설계를 반영하고 공사를 받아야 하는 게 당연한데 예상과는 다르게 다른 업체에게 넘어가는 경우를 여러 차례 겪었다.

공법을 개발하게 된 직접적인 계기가 되어 독자적인 브랜드 제품이 있어야 한다는 것을 절감했으며, 개발을 위해 많은 노력을 했다. 물론 처음에는 쉽지 않았다. 어느 날 손님들을 만나고 집에 자정 즈음 귀가해서 샤워하고 바로 잠이 들었다. 새벽녘에 꿈을 꿨는데 굉장히 큰 건물 옥상에서 나 혼자서 작업을 하고 있었다. 방수시트를 까는 작업을 하는데 끝이 안 보일 정도였다. 하도 꿈이 인상적이어서 잠에서 깨자마자 식탁 위에 막둥이가 초등학교 들어가기 전에 가지고 놀던 작은 메모 수첩에 메모했다.

출근 하자마자 직원에게 내가 스케치한 그림을 컴퓨터로 그려 보라고 해서 특허가 탄생했다. 우여곡절을 많이 겪었다. 2010년 9월

15일에 "보강날개를 구비한 알루미늄피막 방수시트와 이의 제작방법, 그리고 그 방수시트에 의한 복합방수공법"으로 특허를 출원했다.

기존 방수공사의 틀을 답습하지 말고, 한 차원 높은 변화를 만들자는 목표가 있었다. 그래서 개발한 것이 통기성 단열복합 방수시트였다. 폴리에틸렌과 알루미늄을 접목해 만든 이 제품은 기존의 방수기능에 단열기능까지 더해 여름철에는 건물 온도를 5℃ 가량 낮출 수 있는 혁신적인 제품이다.

통기성 단열복합 방수시트가 제품화 되기 까지는 당연히 많은 어려움이 있었다. 기존 제품으로도 충분한데 왜 구태여 어려운 길을 택하느냐고 만류하거나, 그러한 기술은 실현될 수 없다고 부정적인 반응을 보이는 사람이 태반이었다. 나는 나의 아이디어를 검증하기 위해 연구원들과 기술자들을 만났다.

만나는 사람마다 아이디어는 좋은데 현실적으로는 불가능하다라는 반응이었지만 나는 포기하지 않았다. 오히려 새로운 정보와 깨달음을 얻으며 끈질기게 제품개발에 매달렸다. 2011년 충남대학교 김규용교수님과 미야우치 히로유키 교수님을 박사지도교수로 일본 건축학회에서 논문을 발표했다.

이를 바탕으로 충남대학교에서 박사학위 논문으로 "열반사단열 복합방수 시트를 적용한 방수구법 및 공법의 개발에 관한 연구"로 2015년에 학위를 받았다. 연구논문을 검증하려고 대전 서구 문정 초등학교 옥상에 8천만 원을 들여서 특허공법으로 무료 시공해주고 김신호 교육감에게 표창장을 받았다. 4년 반 걸려서 박사학위를 받았다.

모든 건물의 옥상 부분에 통기성단열복합방수공법(PPAS공법)으로 방수 시스템의 새로운 장을 열게 되었다. 2009년부터 2023년도까지 수많은 공사를 수주했다.

3. 국제기능올림픽대회

나는 국제기능올림픽대회에 미장(Plastering & Drywall Systems) 분야 국제심사위원으로 참여하게 되었다. 1999년 지방 기능경기대회에서 심사한 것이 계기가 되어 2006년 전국기능경기대회, 2009년 캐나다 캘거리 국제기능올림픽대회에 이어 2011년 영국 런던대회에도 국제심사위원으로 참가하게 되었다. 특히 캐나다 캘거리 대회 때는 심사뿐 아니라 우리나라 대표팀의 공식 후원사로도 참여해 물심양면으로 힘을 보탰다.

지방기능대회의 심사위원 활동을 꾸준히 해왔고, 전국기능경기대회 심사장으로 위촉되는가 하면, 독일에서 개최되는 국제기능올림픽대회 국제심사위원으로 위촉되었다. 올림픽대회에 참가할 국가대표 기술교육도 해야하기 때문에 몸은 고달프겠지만, 기대와 흥분을 감출 수 없다.

미장 부문 국제기능올림픽 심사위원, 전국기능경기대회 심사장 등을 역임했고 현재도 활동 중이다. 대통령 산업포장, 대통령 표창, 노동부장관 표창, 대전시장 표창과 감사패, 대전시교육감 표창장, 대전노동청 표창장 등을 수상하며 기술인으로 활약하고 있다.

 기능대회 심사위원 활동을 하게 되면서 대외 강의도 하고 있다. 회사운영은 친동생이 맡은 업무에 충실하기 때문에 큰 걱정은 없다. 나는 많은 사람을 만날 수 있어 자연스럽게 네트워크가 형성되어 회사 운영에 도움이 되는 측면도 있다.

 나는 대한민국의 건축 뿌리 기술을 잇기 위한 후견 전문인력 양성에 혼신의 노력을 다하고 있다. 국제기능올림픽 미장직종 국제심사위원으로 참여하면서 3명의 수상자와 3명의 입상자를 배출하는 데 일조했다. 태릉선수촌에서 국가대표를 키우듯, 글로벌숙련기술진흥원에서 미장분야 국가대표를 키우고 성과를 이루는 데 최선을 다했다.

 국제기능올림픽은 각 분야의 최고 권위자를 뽑는 대회이다. 나는 특히 한국의 미장 기술이 세계 최고 수준임을 알리는 데 노력해 왔다. 열정을 갖고 어려운 경제 현실 속에서 틈새 시장을 공략하는 젊

은이들의 꿈을 이루기 위해 노하우를 전수하고 있다. 고용노동부의 대한민국 산업현장교수로 활동하였다. 산업현장 곳곳을 돌며 관련 전문기술을 알리는 강사로 일하고, 방수 관련 현장에서 컨설팅 교육을 하면서 하이엔드 기술력을 가르치고 있다.

나는 현장에서 습득한 노하우를 전수하는 데 최선의 열정을 쏟는 이유는 미장은 홀대 받는 직업이 아니라 대한민국을 살릴 뿌리 산업분야의 굳건한 버팀목이 되어야 하기 때문이다.

국제기능올림픽대회 한국위원회에서 2년마다 국제지도위원을 선정하는데 7회 14년 동안 연임했다. 60개 직종 분야 중 건축은 6개 직종이 있다. 국가대표 자격은 기능올림픽 경기대회 끝나는날 당일 만 23세 미만이다. 그래서 스포츠 선수와 달리 국제기능올림픽 출전 선수는 일생에서 단 한번의 기회만 주어질 뿐이다.

2012년도부터 2019년도까지 전국기능경기대회 미장 직종 심사장을 역임했다. 전국기능경기대회는 시·도지역 순환이 되며 경기가 개최된다. 현재는 매우 암담한 전망으로서 인구 감소에 따라 점차 참가하는 선수가 부족해서 대회가 축소되는 실정이다.

국제기능올림픽대회 건축 분야 미장

국제기능올림픽대회 건축분야 미장은 건식 구조물의 내부 및 외부 마감 공사를 수행하는 기술을 평가하는 종목이다. 참가자들은 주어진 도면과 경기 미션에 따라 벽, 천장, 바름과 장식, 창작 등의 마감 작업을 완성해야 한다.

국제기능올림픽대회 건축 분야 미장 경기종목은 모듈 별로 나누어지는데 1모듈은 구조물설치작업, 2모듈은 구조물에 미장바름 작업, 3모듈은 석고몰딩 작업, 4모듈은 프리 스타일 (창작) 작업 으로 총 4가지 모듈로 나뉜다. 기술- 작업의 난이도, 완성도, 정밀도 등을 품질- 시공 후의 마감 상태, 내구성 등을 주어진 시간 내에 작업을 완성했는지를 평가한다. 국내에서 개최된 선발과정을 모두 통과하면 국가대표가 되는데 국제기능올림픽대회 건축분야 미장은 건축분야에서 중요한 기술을 평가하는 종목이다.

참가자들은 다양한 마감 재료를 사용하고, 다양한 마감 기법을 구사해야 한다. 또한, 시간 관리 능력과 집중력도 중요하다.

지방기능경기대회에서 우수한 성적을 거둔 숙련기술인들이 참가하는 전국기능경기대회는 매년 개최되며, 숙련기술인을 대상으로 하는 가장 큰 규모의 경기 대회이다. 대회의 주최는 고용노동부이며 주관은 한국산업인력공단이다. 전국기능경기대회의 금메달 수상자는 해당 직종 국가기술자격 기능사 시험이 면제되고, 국제기능올림픽대회 평가전 출전권을 획득한다.

전국기능경기대회는 우수한 숙련기술인을 발굴하고 육성하여 국가산업 발전에 기여하기 위한 목적으로 개최된다. 또한, 숙련기술에 대한 사회적 인식을 높이고, 청소년들에게 직업 탐구의 기회를 제공하는 데에도 중요한 역할을 하고 있다.

기본기를 탄탄하게 다지기

기능대회에서 우승하기 위해서는 기본기가 탄탄해야 한다. 기능대회는 단순히 이론만으로 승리할 수 있는 경기가 아니다. 꾸준한 연습과 실전 경험을 통해 실력을 쌓는 것이 중요하다. 연습을 할 때에는 자신의 실력을 정확히 평가하고, 부족한 부분을 보완하기 위한 노력을 기울여야 한다. 또한, 실전 경험을 쌓기 위해서는 관련 대회에 참가하거나, 현장에서 일하는 기술자들과 함께 작업하는 것이 좋다.

기능대회는 장시간 동안 집중력을 유지해야 하는 경기이다. 따라서 충분한 체력과 정신력이 필요하다. 체력과 정신력을 단련하기 위해서는 규칙적인 운동과 휴식, 그리고 자신감과 도전 정신을 키우는 것이 중요하다.

장인은 단기간에 이뤄지는 것이 아니다. 꾸준한 노력과 헌신을 통해 자신의 기술을 갈고 닦아야 한다. 기능대회는 단순히 우승을 차지하는 것이 아니라, 자신의 기술을 발전시키고, 다른 사람들에게 기술을 전파하는 의미도 있다.

안데스 에릭슨의 「1만 시간의 재발견」에서 1만 시간의 법칙은 어떤 분야에서 전문가가 되려면 최소 1만 시간이 필요하다는 이론이다. 1만 시간은 하루에 8시간씩, 약 4년의 시간이다. 흥미로운 것은 이 책의 부제는 노력은 왜 우리를 배신하는가?이다. 저자 에릭슨은 1만 시간의 법칙 창시자인데 "많은 사람들이 1만 시간의 법칙을 오해하고 있다"고 한다.

다음은 기능대회 장인이 되기 위한 구체적인 노력 방법에 대한 몇 가지 팁이다.

매일 일정한 시간 동안 연습하고, 그에 따른 목표를 세우고 실천하는 것이 중요하다. 연습 과정에서 실수를 하면 그 실수에서 교훈을 얻고, 다음에는 같은 실수를 하지 않도록 노력한다.

기능대회 경험이 있는 멘토와의 상담을 통해 자신의 실력을 평가하고, 부족한 부분을 보완하는 것이 좋다.

기능대회 운영 규칙을 숙지하고, 그에 맞는 준비를 하는 것이 중요하다. '노력의 배신'에 부딪치지 않도록 의식적인 연습이 중요하다고 제안한다. 의식적인 노력은 시간이 아니라 방법의 측면이다. 목적있는 연습을 위해 필요한 세 가지는 집중하기(focus), 피드백(feedback), 수정하기(fix it)이다. 아인슈타인의 말처럼 "같은 방법을 반복하면서 다른 결과를 기대하는 것은 미친 짓이다". 목적의식이 있는 연습은 더 열심히가 아니라 '다르게 하기'이다. 에릭슨은 타고난 능력은 없다고 부정한다.

오직 의식적인 연습을 통해 만들어진다고 주장했다. 30년간 연구한 결과로서 "전문가들은 다년간 의식적인 연습을 통해 단계적으로 실력을 향상시켜 비범한 능력을 갖게 된 것이며, 이는 길고도 힘든 과정으로서 이를 건너뛸 대안이나 손쉬운 지름길은 없다"고 주장한다.

기능경기대회의 심사를 맡으면서 나는 한 분야에 뛰어난 두각을 가진 기능인들을 존경하는데,

그들은 한결같이 타고난 재능에 더해 수없이 수만 번 반복하고 노력한 결과의 산물이다. 정신력도 중요한 부분인데 "무언가를 지금보다 훨씬 더 잘하려고 한다면 그것이 가능하다는 사실을 기억"해야 한다. 지속가능한 동기부여의 힘은 "자신의 뇌와 몸에 새로운 방식으로 도

전의식을 북돋우는 것"이다. 동기부여란 한마디로 계속할 이유를 강화하거나 그만 둘 이유를 약화시키는 것일 뿐이라는데 동의한다.

제자 인터뷰

1) 내 인생을 바꾼 진정한 스승: 송 재승 교수님

**김수현(1999년생~) 국제기능올림픽대회 부지도위원,
보니타타일 대표**

나는 2017년 아부다비 국제기능올림픽대회에서 영광스럽게도 미장
분야 동메달을 획득했다. 문재인 대통령이 훈장을 시상했고 오찬에도
참석했다. 병역면제 특혜도 가졌고, 출신 고등학교 역시 전국적인 명
성과 많은 베네핏을 얻을 수 있었다.

서울 성북구에서 중산층 가정에서 자랐다. 어렸을 때는 컴퓨터게임
을 굉장히 잘해서 프로선수의 길을 가려고 했다. 부모님이 내가 게임
에 몰두해도 지나치게 걱정하시지는 않았다. 그야말로 게임에 몰두하
는 청소년기를 보냈는데 어느날 문득 나의 미래가 잘 그려지지 않았
다. 나의 현실을 바꿀 돌파구가 필요했다. 중학교 3학년 때 선택지가
별로 없었기에 엄청난 심사숙고 끝에 특성화 고등학교인 인덕공업고
등학교 실내 인테리어과에 진학했다.

1학년 1학기가 지나고 나의 미래를 상담하는 과정 중에 1등 졸업생

이 취업하는 곳이 한샘(주) 정도이고 거의 단기 아르바이트 정도라는 사실에 경악했다. 나는 학급 부반장으로 성적도 좋은 편이라서 무사히 기능반에 합류했다. 게임을 할 때 키웠던 무서운 집중력으로 나는 기술을 연마했고 2016년 학교 역사상 처음으로 매년 개최되는 전국대회에 1등했다. 2년마다 열리는 국가대표선발전을 통과했다. 2017년부터 나는 국가대표로서 송재승 교수님은 지도위원으로 10여개 월 함께 하며 기능올림픽대회 출전 지도를 받았다.

선수 입장에서 송교수님에 대한 느낌 중 너무나 큰 열정과 나를 지지하고 사랑해 주시는 진심을 느꼈다. 대전에서 선수촌까지 일주일에 2~3번 반드시 올라오셨다. 내가 숙소에서 6시에 기상을 해서 주차장을 내다보면 이미 교수님의 차가 주차되어 있었다.

충분한 보수가 주어지는 자리도 아닌데 전 직종 중에서 선수에 대한 관심과 축적된 훈련시간 지도자가 머무는 시간 등등 종합적인 평가가 최고라고 말하고 싶다. 하루에 2번 귀찮아 하지 않으시고 계속 통화를 하셨다. 바로 나의 멘탈을 강화시키려는 의도였다. 마침 내게 꼭 필요한 장비가 있어야 하는데 선수촌에 있는 나에게 학교에서 장비

구입문제로 조금 마찰이 있었다. 선수촌 행정 라인에서도 그렇고 그런 문제들을 직면할 때 정신적으로 힘들 때마다 같이 슬기롭게 대처하는 모습을 보여주셔서 많은 것을 배웠다.

10수 앞을 내다보시는 교수님의 혜안을 매순간 느끼며 감동했다.

2017년 아부다비 대회에서 미장분야 동메달을 획득했던 순간이 주마등처럼 스쳐간다.

나 역시 동메달 3,920만원의 상금과 석탑산업훈장을 수여받았고 해당 분야 국가기술자격 산업기사 자격시험 면제, 대학 전학년 장학금 지급 및 병역대체복무(산업기능요원 편입) 등의 혜택을 받을 수가 있다.

여기서 조심스럽지만 꼭 하고 싶은 이야기가 있다.

잘 몰랐지만 어렴풋이 들어왔던 기성세대에 만연한 부패의 고리를 송교수님이 2009년에 진작부터 끊어내었기에 나같은 사람도 돈 1원 한 장 안쓰고 메달리스트가 될 수 있었음에 감사한다.

메달리스트가 되면 누릴 수 있는 어마어마한 특혜, 수상 직후부터 평생 받는 연금 등과 명예를 거머쥐기 위한 은밀한 길- 부패 커넥션이 설득력있게 먹혀왔다는 사실이다. 떠도는 루머에는 대략 3억을 써야 한다는 이야기였다.

권력을 쥐고 있어 선수에 대한 선택권을 휘두르고 목숨이 왔다갔다 할 점수를 매길 수 있는 자리, 그러한 부패가 암담하게 드리워져 있던 미장직종을 교수님이 공명정대한 가치관으로 단칼에 잘라버렸다. 그래서 내가 오직 노력과 숙련의 대결이라는 공평한 운동장에서 살아남은 결과물이다. 그래서 오늘의 내가 있었다.

현재 나는 부지도위원이며, 프리랜서이며 따로 타일 고수에게 제대로 타일을 배웠으며 2020년에 사업자등록을 마친 보니타타일 대표이다. 그때 코로나 시기여서 실내인테리어 붐이 불어서 엄청나게 바빴으며 돈도 많이 벌었다. 너무 열심히 기술을 숙련하느라 관절이 많이 망가졌지만 그래도 내게는 청춘의 기백이 있다.

교수님에게 배운 공명정대한 삶을 나 역시 즐겁게 걸어갈 것이다.

2) 낭만 닥터이자 미장계 전설의 송 사부님
한규진(1991년생~) 국제기능올림픽대회 지도위원

나는 2011년도 런던 국제기능올림픽대회에 출전해서 최초로 은메달을 수상했다. 그리고 2013년도부터 부지도위원으로 선정되어 송박사님과 함께 13년, 15년, 17년도 세 차례 올림픽대회에 같이 참석하였다. 2013년도 국가대표 황지원에게는 학교교사, 부지도위원 2명, 송재승 지도위원, 공단담당자가 선수를 위해 협업한다. 보수가 전혀 없는 부지도위원이지만 내 짐작에 송박사님은 인성을 가장 중요하게 생각하시는 분이라서 아마도 나를 준비된 지도자로 만들기 위해 선택하셨다고 생각한다.

그렇다면 왜 준비된 지도자를 원하셨을까? 생각해 보았다.

송재승 박사님은 잘 알려진 대로 1998년부터 지방기능경기대회 심사위원, 전국기능경기대회 심사장, 아시아스킬 심사장, 국제기능올림픽대회 국제심사위원, 국제기능올림픽대회 국제지도위원으로 오랫동안 활동해오셨다.

미장이라는 숙련기능의 세계에서 당신의 맥을 이어갈 제자들을 육성하는데 중점을 두는 것은 점차 기술자가 사라져가는 사회 분위기에 하이엔드(high-end:제품이나 서비스의 품질, 성능, 사양 등이 동일한 종류의 제품이나 서비스 중에서 가장 우수)를 유지해야 한다고 항상 강조하셨다.

숙련기능인은 오랜 경험과 전문성으로 기술, 지식, 판단력, 문제 해결 능력이 있어야 하고, 높은 생산성과 효율성을 발휘해야 한다고 정신교육을 많이 받았다. 우리에게 후배를 양성하고, 기술을 전수해서 산업의 미래를 이끌어야 한다고 하셨다.

나는 지금은 미래고등학교로 교명이 바뀐 원주공업고등학교 건축과 출신이다. 나는 원주에서 태어나고 자랐으며 지금도 원주에서 거주하는 원주의 보물이다. 나의 아버지는 제빵사이셨는데 아버지의 권유대로 기술을 배우기 위해 지원했다. 당연히 기능반에 합류했고 2008년 지방대회에서 동메달, 3학년 때인 2009년에 금메달을 목에 걸었다.

한 가지 재미있는 에피소드를 투척하자면

최한결 선배가 먼저 국가대표선수로 합숙훈련을 하면서 자연스럽게 송박사님의 지도를 받게 되었다. 2009년 5월 캐나다 캘거리 제40회 국제기능올림픽대회 미장직종 국제심사위원으로 위촉된 송박사님은 자료가 필요했지만 전임 국제지도위원께서 자료가 없다고 하시는 바람에 이전의 자료를 구하지 못했다.

여담이지만 최한결 선배가 잠이 조금 많은 편이어서 선수촌 전체 선수들이 훈련을 못할 정도로 뜀박질 기합을 많이 받았다. 공단직원도 합숙하면서 선수들을 케어 했는데 내가 후배라고 하니 나도 같이 묶어서 약간 홀대받는 기분이 들었다.

좌충우돌 최한결 선배를 지도하면서 송박사님은 미장 재료비로 몇천만 원의 후원금을 내셨다. 대기업도 아닌데 그런 규모의 후원금은 지금까지도 전설이었다.

올림픽경기에서 맞붙으려면 현장 실정과는 다른 올림픽 용 메뉴얼이 분명 있어야 하는데 자료를 공유받지 못하고 맨땅에 헤딩했던 쓰라린 경험을 맛보신 송박사님은 캐나다 출전부터 모든 자료를 데이터화 하셨다. 최한결 선배는 아쉽게도 수상을 하지 못했고 송박사님의 첫 번째 제자이다. 첫 번째의 의미는 진하고 달면서 쓰다. 「나의 라임오렌지 나무」의 제제가 가진 첫 번째 풍선처럼 말이다.

나는 성동공업고등학교에 지어진 가건물에서 합숙훈련을 받는데 시설은 열악했지만 가이드 라인을 직접 만들어서 자신감이 붙으셨기에 2011년 1월부터 나를 지도하실 때 나는 스폰지처럼 모든 것을 흡수했다. 2011년 10월 런던 제41회 국제기능올림픽대회 미장직종 국제심사위원으로 위촉되는 쾌거를 이루셨다. 나 역시 영광스럽게 은메달리스트로 송박사님의 자랑스러운 제자가 되었다.

그냥 진심을 다하면 그만이다.

정부와 기업이 제공하는 숙련기능인의 양성을 위한 교육과 지원이 점
차 줄어들고 있다. 인적 자원이 감소하면서 고급기술을 이어갈 명맥
이 끊어져 가는 상태로 기능올림픽 존재 자체가 퇴색해버린 것 같다.
나는 내 고향 원주에서 프리랜서로 일하면서 한편 내장목수로서 팀을
꾸려가며 일을 계속 하고 있지만, 세심한 마감과 정교한 디자인을 구
현하기 위해서는 숙련된 기술자가 필요하다고 생각한다.

내 마음 속에 기준이 있다면 "그냥 진심을 다하면 그만"이라는 여여
하고 겸손한 송박사님의 삶의 태도는 내 인생의 영원한 나침반이 될
것이다.

송박사님의 지도로 국제기능올림픽에 출전한 우리들 제자 7명은 무
지개 군단으로 언제나 가까이에서 미장의 하이엔드 숙련인의 자부심
으로 살아가겠습니다.

감사합니다.

나의 제자들 일곱빛깔 무지개 군단

나는 특히 2011년 런던 기능올림픽경기대회에 국제심사위원으로 참석했던 일화를 말하고 싶다. 당시 미장직종 국제심사장이었던 피터 무어가 축하인사를 하는 중에 영국에 심각한 일이 벌어지고 있다고 개탄하였다. 영국에서 기술이 빠져나가고 있는데 정부가 사실을 심각하게 받아들이지 않고 대책 마련을 등한시하고 있다고 비판했다.

기술과 기능이 산업현장을 받치는 근간인데 점차로 기능숙련인들이 감소하면서 급속도로 허약한 구조가 되고 있다. 현장에서 일을 하는 사람들이 외국인들로 채워지고 있다. 인구절감과 맞물려서 이러한 추세는 피할 길이 없는 것은 사실이지만 당장 정부에서 기능인력과 기술을 보호할 정책을 만들어서 계승해서 잘 전해야 한다는 취지였다.

지금 2024년 우리나라의 실정도 마찬가지이다. 전국기능대회에서 조적, 석공, 미장 분야가 아예 없어지고 말았다. 인구감소 때문에 학생들 숫자가 줄어들었고, 특성화 고등학교에 지원하는 학생들도 기하급수적으로 감소하다 보니, 지방기능대회, 전국기능대회 자체가 열리지 못하는 악순환까지 왔기 때문이다. 대회가 없으면 선수도 없게 되고, 선수가 없으면 1960년대부터 숙련의 절정을 보여준 기능기술자들이 더 이상 배출되지 않는다.

나의 제자들 일곱빛깔 무지개 군단의 이름을 자랑스럽게 써 본다.

2009년 최한결
2011년 한규진(은메달)
2013년 황지원(동메달)
2015년 정재시(우수상)
2017년 김수현(동메달)
2019년 강휘구(우수상)
2022년 정승원(우수상)

나는 나의 제자들을 7개의 빛나는 별이라고 생각한다. 7명의 제자들이 서울 원주 각지에서 나를 찾아왔는데 마침 폭설이 내리는 날이었다. 제자들이 돈을 똑같이 모아서 신세계백화점에서 시계를 사가지고 왔는데, 어쨌든 눈물이 날 정도로 감동스러웠다. 물론 맏형인 한결과, 규진이가 마음을 썼다는 데 고맙고, 마음 먹기가 쉽지 않은 선물로 생

각지도 못했던 큰 선물을 받았기 때문이다. 시계줄을 줄이려고 신세
계백화점 매장에 가니 매장직원이 도대체 내가 누구냐고 물었다. 제
자들이 엄청 고민하고 고심하길래 궁금했다고 했다.

 현재는 2024년 국가대표인 박현민이 열심히 기능을 연마하는 중이
며, 지도위원 규진과 부지도위원 수현이 박현민 선수를 가르치고 이
끄는 모습이 대견할 뿐이다.

4. 봉사는 나의 기쁨

 나는 봉사단체 "상상나눔"에서 수석부회장을 맡고 있다. 나는 특별하게 봉사를 한다는 개념은 거의 가지고 있지 않다. 국제기능올림픽대회에 출전선수들을 지도하면서 재미있었고 초창기에 최한결 선수에게 수천만 원을 지원했을 때 나라를 위해서 한다라는 마음가짐으로 봉사를 했다. 회사운영을 하면서도 작은 규모이지만 꾸준하게 기부하고 있었다. 나름대로 나눔이라고 생각했다. 어렵지만 지속적으로 하는게 가장 중요하다고 생각했다. 그러다가 김동일 박사를 만났다.

 소중한 동생으로 전문건설협회에서 만나서 인연이 되었다. 연수를 가게 되면 우연히 숙소를 같은 방을 사용했다. 봉사 모임을 하고 있다고 해서 나도 흔쾌히 가입했다. 김동일 박사가 그냥 곁에 있어만 달라고 해서 감동하는 마음으로 숟가락 하나 얹어서 봉사하는 것이다. 매년 연회비 50만 원으로 한 사람이 봉사하는 것보다 여러 사람이 같이 힘을 합쳐서 봉사를 한다는 것이 더 의미가 있다. 자신의 이익이나 공명심보다 더 큰 의미로 움직이고 있다.

2012년 상생발전위원회 라는 봉사모임을 구성했는데 상상포럼으로 명칭을 변경했다. 유성구청과 초록우산 어린이재단과 협업으로 국내와 해외아동지원사업을 했다. 2015년 10월에 라오스 단쌍초등학교 상상도서관(2000만 원) 준공과 봉사를 한 후 2016년 "상상나눔"으로 마지막 개명을 했다. 상상은 서로를 서로가 돕는다는 한자어이다. 2018년 라오스 댐이 붕괴했을 때 라오스한인회에 이재민 돕기 성금을 기탁하였다. 2019년부터 매년 1200만 원으로 상상도시락 지원사업을 시작했다.

농업회사법인 킴스어페드와 '상상나눔 봉사사업' 후원 협약으로, 경제적/신체적 어려움으로 균형 잡힌 식생활이 어려운 독거 치매어르신 12분에게 매주 금요일 점심도시락 반찬서비스를 지원하는 '상상도시락' 사업비를 유성구청에 후원하고 있다. 복지 사각지대에 있는 어려운 이웃들을 보살필수 있는 상상나눔이 우리의 정체성임을 다시 한번 상기했다. 인간은 모두 고귀한 존재이니 인권을 존중하고 연대성과 평등성을 보장하는 공동체정신을 회복하고 싶다.

 나는 2023년에 치앙라이 오지마을에 도서관지원 사업을 추진할 때 터를 잡아주느라고 같이 출국했다.

 (1) 반 뽕빠캠 마을 도서관(신규) 공사비 토지 100평, 건축10평에 약 8,700,000원

 (2) 반 따포 마을 도서관 약 5평 증축 공사비는 약 2,800,000원, 물품구입(도서, 책장, 책상, 의자, 전기제품)에 400만 원, 조경 및 개관행사 150만 원 등 총 사업비 1,700만 원을 지원했다.

떠나오는 날 주민들이 척박한 고지대에서 수확한 햅쌀을 도정해서 자그마한 헝겊주머니에 담아서 우리에게 건네주었다. 가슴이 뭉클하면서 감사와 사랑의 의미를 재확인했다.

 나는 현지에서 무료로 수맥 탐사 컨설팅을 해주었다. 아이들이 좋은 터 위에서 공부하고 책을 읽고 뛰어놀면서 건강하게 자라서 인류의 평화와 진보를 위한 길을 걸을 것이라고 축복하였다.

5. 통합의학에 마음 열기

규칙적으로 스트레칭을 하며 몸을 이완해야 한다. 때로는 땀이 날 정도로 운동해야 한다. 산책하고 많이 걸어야 하고 마음을 들여다 보면서 걱정거리와 부정적인 생각들을 벗어버려야 한다. 걸으면서 건강을 지키는 것이 가장 돈이 적게 드는 최선의 방법이라고 생각한다.

몸이 건강하면 마음도 감정도 자연스럽게 건강할 수 있다. 그런데 사실 마음이라는 것이 문제이다. 자신이 살아온 환경에 따라 셋팅한 자존감의 의미가 조금씩 다르다. 몸이 튼튼 하려면 근육을 만들어야 하듯, 감정도 연습을 해서 단련시켜야 한다. 감정근육도 단단하게 만들어야 회복탄력성이 생겨 심한 상처도 대수롭지 않게 바라볼 수 있다.

얼마 전까지만 해도 암은 수술, 항암치료, 방사선치료가 전부였지만 현재는 치료 방법이 다양해졌다. 중입자 치료기, 표적 치료제 등이 암 치료의 새로운 패러다임이 되고 있다. 면역항암제, 항체 치료제, 면역

증강제, 유전자 치료, 줄기세포 치료 분야 등이 도입되거나 시도되고 있다.

냉증이라는 병명은 서양의학에는 없다지만 동양의학에서는 2천 년 전부터 차가움이 병의 발생과 깊은 관계가 있다고 생각해왔다. 몸을 덥게 만들면 면역력이 올라가 병을 고치는 능력이 강해진다. 동양의학에서는 질병을 '혈액의 오염을 정화하여 고치려고 하는 반응'이라고 생각한다. 따라서 병에 걸렸다고 해서 무조건 약으로만 억제한다면 역효과를 불러온다고 본다.

1) 각종 오염 물질을 섭취, 흡입하는 생활에서 벗어나자

혈액을 더럽히는 요인은 그 외에도 폐로 들어오는 배기가스, 공장의 매연, 담배 연기 등이 있고 위장으로 들어오는 식품 첨가물, 식품 보존료, 식품 착색료, 식물 속의 잔류농약, 수돗물에 포함된 트라이할로메테인 등이 있다. (월간암(癌) 2023년 6월호 참조)

2023년 아스파탐은 세계보건기구(WHO)에서 공식적으로 발암물질로 인정했다. 등급은 2B군으로 동물실험에서 암을 유발한다는 과학적 증거가 충분하지 않은 경우이다. '암을 유발하는 의심 물질이다' 정도의 낮은 단계 분류이다. 현대의학은 암을 그저 정복해야 할 대상으로만 바라보며, 방사선 치료 등 화학적 접근을 중요시 한다.

그러나 통합의학의 관점에서 포괄적이고 근본적인 치유방법도 있을 수 있다는 열린 마음과 자세도 중요하다고 생각한다. 긍정적인 마음가짐을 유지하고 건강한 라이프 스타일을 지켜가야 한다. 언제나 희망을 잃지 않는 자세가 치유로 향하는 발걸음이라는 것을 명심하자.

끝도 없이 몰아붙이는 경쟁으로 워낙 스트레스가 많은 우리 사회에서 우울감과 패배감 그리고 알 수 없는 치밀어 오르는 분노감에 지배되어 정상적인 정신상태를 가지기가 힘들 지경이다. 부정적인 수치가 세계 1위를 차지하는 분야가 많다는 것은 정말 안타까운 일이다.

2) 햇빛을 쬐면서 걷기를 추천하고 싶다

햇빛은 정신건강에도 중요하며 천연 '항우울제'다. 일조량이 적은 겨울에는 기분을 상승시키는 세로토닌이 줄어 집중력 저하, 피로감, 무력감, 흥미상실, 시무룩 등 '계절성 정서장애 (SAD: seasonal affective disorder)' 증상이 많다. 대체로 하루에 10분씩 일주일에 3번 정도 피부에 직접 햇빛을 쬐면 피부암 걱정없이 인체가 필요로 하는 충분한 양의 비타민D를 만들어 낼 수 있다고 한다.

3) 걷기와 사유는 자신을 사랑하는 가장 쉬운 방법

요즈음 맨발 걷기가 유행하고 있다. 좋은 현상으로 여겨진다. 걷기와 사유는 자신을 사랑하는 가장 쉬운 방법이라 생각한다. 현대인에게 자존감의 구성요소로서 자기효능감이 가장 중요하다고 받아들인다. 사회에서 인정받는 직업이나 타인에게 능력을 인정받을 때 자존감이 높아진다. 자존감은 나를 가장 낮은 곳에 두고 타인을 가장 높은 곳에 두면서 비교할 때 확연하게 드러난다.

자신감은 나의 능력과 난이도를 비교할 때 능력을 올리면서 난이도를 낮추면 자신감이 올라갈 것이다. 자만심이 사실 문젯거리다. 자신을 지나치게 높이 평가하거나 행위의 난이도를 아주 낮게 설정할 때 발생한다. 이 세 가지 관점에서 지켜야 할 것은 자존감이다.

자존감이 낮은 사람은 불행과 근심과 타인과의 비교를 언제나 되풀이 생각한다. 항상 과거만 떠올린다. 실수나 실패를 겪을 때 부정적인 패턴을 보인다. 언제나 과거를 후회한다. 아직 오지 않은 미래조차 부정적으로 전망해서 우울감을 가중시킨다. 자존감이 낮으면 현재에서 도망가려고만 한다. 현재에 집중해서 문제를 해결하려고 하지 않는다. 자존감이 약해서 모든 것이 두렵기 때문이다.

실망으로 두려움으로 마음이 무너지면 다시 하나씩 쌓으면 된다. 세상에서 단 하나뿐인 자신만이 가장 소중한 존재이다. 온 우주에서 단 하나의 존재임을 떠올리라. 눈을 감아보라. 아무 것도 보이지 않는다. 마찬가지로 내가 없으면 우주도 하느님도 없다.

자존감과 함께 자신감을 단단하게 만들려면 신체를 건강하게 유지하는 것이다. 몸이 마음에 영향을 미치듯이 마음 역시 몸에 영향을 준다. 나 자신의 강점과 약점을 포함해 나의 수행능력을 객관적으로 파악하고 이해하고 있어야 한다.

건강하면 지금 이 순간에 굳건히 발을 딛고 펼쳐갈 인생 이야기가 달라질 수 있다. 건강의 차이가 인생 이야기의 차이에서 한 걸음씩 벌어지기 때문이다.

바쁜 일상에서 걷는 행위는 신성하기까지 하다. 오른발 왼발 두 발을 번갈아 내딛는 단순한 행위가 걷기이다. 걷기는 수단이자 목적과 일치한다. '걷기'는 현대인들에게는 가장 손쉬운 명상법이자 치유법이라고까지 극찬을 받는다. 무지개라는 시로 유명한 영국 시인 윌리엄 워즈워드는 일평생 28만 킬로미터를 걸었다는데 걸어서 자그마치 지구를 일곱 바퀴 돈 길이라고 한다.

나 역시 일과를 마치고 일주일에 두세 번 반드시 걸으면서 하루를 정리하고 사업구상을 하며 그동안 수맥에 천착해온 나의 경험을 어떻게 나누어주나 궁리도 하지만 동시에 이완과 명상이라고 여긴다.

4) 환자로서 자율성을 획득하기

 내가 황반변성을 완치단계로 끌어올린 것도 사실은 의사의 권위 혹은 의학계의 정설에 의문을 제기하고 알칼리수 테라피로 접근했기 때문이다.

 수많은 가공식품, 식품첨가물, 정크 푸드, 설탕류, 다당류, 유전자 변형 식품, 방사능, 농약, 화학물질, 중금속 오염, 전자파 등 셀 수 없이 많은 유해 요소들이 우리 몸 안으로 들어와 체내에 쌓이고 독이 되어 세포의 변이를 만들고, 면역력이 떨어지면서 암으로 발전하는 결과를 초래한다.

 60조 개 세포로 이루어진 나의 몸을 깨우고 세포를 재생시키고 자연의 소리에 귀 기울이며 어머니와 천천히 걷는 시간을 힐링의 시간으로 만들었다. 천천히 걷는 그 시간이 바로 힐링의 시간일뿐이며, 자연 친화적인 삶 바로 그 자체이다. 자기 자신보다 더 훌륭한 의사는 없다고 믿는다. 이 말은 자기 몸이 보내는 신호를 감지하는 힘을 길러야만 한다는 뜻이다.

우리나라 의료체계에서 기계적인 짧은 문진, 심지어 의사는 이제 환자의 얼굴을 보지 않는다. 오로지 모니터만 쳐다보면서 환자를 진찰하고 있다. 심지어 모니터에서 병증에 대해 일어보라고 권유하기도 한다.

사람들이 더 이상 의료 카르텔 체계의 희생자가 되어서는 안될 것이다. 의료 카르텔은 불법적인 방법으로 의료 시장을 조작하고 이익을 취하려는 의료기관이나 의료인들의 집단이다. 환자의 건강과 안전을 위협하고 의료 시스템의 효율성을 저해하는 심각한 문제이다.

의료 카르텔은 의료기관들이 서로 협의하여 의료 서비스의 가격을 부풀리거나, 의료기관들이 서로 시장을 나눠서 각자의 영역을 독점한다. 또는 공공기관의 의료 서비스 입찰에 부정하게 개입하거나 의료기관 관계자에게 뇌물을 제공하여 환자를 유치하거나, 환자에게 불필요한 치료나 검사를 시행하여 이익을 취하는 행위로서 불법이득을 취한다.

이러한 의료 카르텔에 수동적으로 병원을 전전하지 않고, 환자로서 자율성을 획득하고 여러 치유방법도 모색하기를 바란다.

15,247 걸음

0   목표: 6.000

11.2 km   608 kcal

06

수맥치유 사례

"치유의 방법은 다양하며
신체적, 정신적, 영적으로 건강한 상태로
회복하는 과정이다. 자신의 필요와
상황에 맞는 방법을 활용하여
삶의 질을 높여나가길 바란다."

여러 치유 사례 중 무작위로 골라서 서술하였다.

1) 홍성학 고등학교 담임은사님

1988년 내가 고등학교 3학년 여름방학 끝나기 며칠 전 아버지가 갑작스러운 사고로 돌아가셨을 때 은사님이 을지병원으로 문상을 오셨다. 그 한가지 일로서 은사님은 어린 나에게는 평생 잊지 말아야 할 분이다. 2012년 대통령산업포장을 수상하자 제자 중 처음이라고 내게 밥을 사주셨다.

은사님은 무주 안성면에 4천 평 산을 사셔서 터를 잡고 연락을 주셨다. 도면 검토와 집터의 수맥탐사를 의뢰 하셨다. 나는 도면 검토를 하고 현지에 가서 수맥탐사를 하였다. 그런데 미리 집 지을 자리에 석축을 1,500만 원 들여서 쌓아 놓으셨다. 그런데 그 자리가 수맥이 지나가는 자리이기에 다시 좋은 터를 잡아 드리고 그 자리에 다시 1,500만 원 들여서 석축을 쌓아서 집을 건축 하셨다.

무주군 안성면 덕유산로494-54에 "정원산책" 이라는 카페도 역시 좋은 자리에 지었다. 500 고지 고도의 산 중턱이라 멀리 보이는 뷰를 다 담고 싶은 욕구는 당연한 것이지만 수맥이 지나가는 자리라서 문제라면 문제이다. 다행히 은사님은 책을 다방면으로 섭렵해서 읽으시면서 수맥에 대해 어느 정도 인식을 가지고 계셨기에 서로 적당하게 타협하며 자택의 방향을 잡았다. 정말 다행이다.

자택을 크게 짓다 보니 맥이 슬쩍 흐르는 곳에 침대가 놓일 수 밖에 없었다. 2022년 명절 전날 방문을 했다. 은사님은 늘 묵지근하며 피곤하니 잠자리를 봐 달라고 하셨다. 안타깝게도 수맥이 은사님 머리를 누이는 곳으로만 지나갔다. 침대에서 잠을 자는데 사모님의 자리는 괜찮은데 은사님 자리는 수맥이 흐르는 자리이다.

이렇게 부부가 한 침대를 쓰는데 부인이 자는 자리가 수맥이 흘러서 골골하고 아프니까 남편이 와이프가 집에서 살림만 하는데 맨날 아프다고 불만을 갖는 경우가 있다. 부인의 좋지 않은 컨디션이 사실은 수맥 때문인데 일반인들은 수맥이 원인이 된다는 것을 상상하지 못하기 때문이다.

2) 박용식님

박용식님은 69년생으로 00시청 공무원이다.

부부가 공무원인데 아내에게 전화가 와서 한번 만나자고 한다. 남편이 갑자기 공황장애로 외부활동을 중단할 정도라고 말한다. 현재는 완전히 건강을 잃어서 병가휴직 중인데, 병원에 다녀도 별 차도가 없다. 최종적으로 지인에게서 수맥점검을 받아보라는 말을 들었다고 한다.

10여 년 거주한 아파트에서 과연 수맥 때문일까 반신반의하며 의뢰 했다

아파트 14층인데 수맥이 3줄기가 겹쳐서 흐르고 있어서 의뢰인에게 터가 너무 안 좋으니 당장 이사를 하면 좋겠다고 권유했다. 하지만 의뢰인은 지금 당장 이사 갈 여유나 경황이 없다고 한숨을 내쉬며, 어떻게 다른 방법이 있는지 알려달라고 했다.

나는 주로 자리를 바꾸는 방법을 먼저 추천하는 편이다. 의뢰인의 요청에 따라 수맥차단재를 사용해 차단을 했다. 2개월 후 전화가 와서 남편이 그동안 병원에서 신경정신과 약을 먹었는데 수맥차단 덕분인지 약을 먹지 않을 정도로 좋아졌다고 말했다.

같은 단지 내에서 이사를 하려고 하니 다시 한번 출장을 의뢰했다. 나는 시간을 내서 단지내에 나온 매물 중 7~8 집을 수맥탐사를 했는데 아주 좋은 터가 한 곳 나와서 무조건 이사를 하라고 권유했다. 이후로 남편은 물론 가족 모두가 건강하고 활기차게 생활하며 건강을 찾고 개인적으로 승진도 하고 집에 돌아오면 확실하게 개운한 기분이 든다고 말했다.

최근에는 신경과 약도 부작용이 많이 개선되었다고 한다. 대부분의 불안증은 신경안정제를 복용하면 불안감이 감소하고 긴장이나 초조한 증상을 완화할 수 있다고 알려져 있다. 신경안정제 복용이나 복용중단 등 임의로 끊거나 양을 줄이고 늘리는 것은 절대 해서는 안된다. 반드시 의사와 충분한 상담을 통해 각별히 주의를 기울여야 한다.

현대인에게 가장 흔한 병이 우울장애(depressive disorder)이다. 만성적인 우울증은 우울감정 뿐만 아니라 무기력증, 기운없음, 만성피로, 불안증, 성격장애 등 광범위한 증상이 있다. 우울증의 원인은 다양하지만 생물학적 요인으로는 세로토닌의 감소가 가장 큰 요소라고 한다. 우울증의 기전은 100% 다 밝혀지지 않았다.

이제는 암보다도 우울장애, 조기 치매, PTSD, 조현병, 중독, 뇌졸중, 파킨슨병 등 점차로 현대인을 위협하는 질병도 광범위해지고 있으니 안타까울 따름이다.

3) 00시청 정경옥 과장

00시청에 근무하는 정경옥 과장은 컨설팅비용과 재료비까지 70만원으로 건강을 찾고 나와 인연을 맺었다. (컨설팅20만원 재료비50만원)

순환 근무로 자리 이동을 하고 나서 정과장은 얼굴을 비롯 온몸이 붓기 시작했다. 충남대병원에서 건강검진을 받아도 병명이 없었다.

인근에 중형급 병원과 종합병원 등을 순례해도 확실하게 진단이 나오지 않았다. 신도로 다니면서 친분이 있는 암자의 스님에게 지압도 계속 받았지만 별로 개선되지 않았다. 하루하루 삶이 버거워지고 출근해서 근무도 힘들어지자 나를 찾았다.

나는 일단 거주하는 아파트를 방문해서 수맥을 체크했다. 역시 침대가 놓여있는 안방에 커다란 수맥 줄기가 있었다. 안방에서 거실로 잠자리를 옮겼다. 이번에는 사무실에서 수맥 체크를 했는데 역시 수맥 자리였다. 사무실에서는 책상을 옮길 수 없기 때문에 수맥차단재를 설치했다. 수맥 차단을 하면서 나는 농담으로 "차단재 비용은 받지 않을 테니 몸이 나아지면 그때 주십시오." 하고 말했더니 "제가 떼먹으면 어떻게 해요?" 웃으며 말하셨다. 나는 "대신에 건강해지세요."라고만 대답했다.

못 먹어서 부황이 난 듯 퉁퉁 부었던 모습이 안타까워서 6개월만 나하고 커뮤니케이션 하자고 약속하고 전화로 계속 컨설팅하면서 건강을 체크했다. 그분은 2개월 만에 좋아졌다. 나를 만나러 직접 찾아왔는데 살이 쪽 빠졌다. 후에 부서 이동을 할 때도 사무실에 방문해서 수맥 체크를 해드렸다. 그리고 승진 이동할 때는 업무도 바뀌고 부서도 바뀌면서 좋은 자리에서 근무를 하게 되자, 수맥차단재를 처음 설치했던 사무실에 남겨두고 왔다. 그 자리에서 근무하는 후임을 위한 배려였다.

4) 모든 병이여, 굿바이

저는 현재 자영업을 하고 있는 56세 여성입니다. 예전에 동구 홍도동 00빌라에 살다가 1년 전에 송강에 한 00아파트 16층으로 이사를 왔습니다. 남편과 딸이 함께 살고 있습니다. 송재승 선생님을 안 지도 벌써 15년이 넘는 인연으로 누구보다도 송재승 선생님을 믿고 존경합니다. 저는 1998년쯤에 돌발성 난청 진단을 받았었습니다.

2019년 3월에 공황장애 진단을 받고 정신적인 고통을 받았습니다, 2022년 1월에는 간암 판정을 받고 절제 수술도 받았습니다. 그러던 중 2023년 6월4일에 송재승 선생님의 수맥에 대한 강의를 들었지요. 집과 가게에 수맥탐사를 하고 수맥차단 방법을 알았고 알칼리수에 대한 조언도 받아 6개월째 먹고 있습니다.

송재승 선생님과 수시로 만나면서 많은 투병 사례들과 호전된 상황을 들으면서 저의 병을 해결할 좋은 방법이 있다는 것을 이해하고 받아들였습니다. 제가 잠을 자려고 침대에 들어가면 항상 깊은 잠을 자지 못하고 밤새 뒤척이며 수시로 깼습니다. 답답증과 불안증에 뒤척이기를 무한 반복으로 다음 날 아침에 일어나도 개운하지가 않았기 때문에 늘 무기력하고 기를 쓰며 살아내야 한다고나 할까? 활기찬 일상 생활을 이어 나가기가 힘들었습니다.

얼마 만에 어느 정도나 호전이 있을까? 지금의 내 암울한 상황에 어떤 변화가 과연 오기는 할까? 효과는 과연 있기는 할까? 수많은 의문에도 불구하고 결국 내게 변화가 나타났습니다.

안방은 수맥이 크로스 교차하고 거실은 1줄기가 흐르고, 가게도 1줄기가 흐르고 있었다. 그래서 안방과 거실, 가게에 수맥차단을 하였다. 수맥의 크기와 양에 따라 수맥차단재 시공하는데 실비아 시트로 침대는 5겹 정도를 겹쳐서 시공 하였다.

수맥 차단을 한 후로 깊은 잠을 자면서 자연스럽게 수많은 꿈을 꾸는 일도 없어졌고 믿기 힘든 일이지만 코골이도 줄었습니다. 알칼리수를 먹은 지 얼마 지나지 않아서 답답증이나 불안증에 시달리는 경우가 90% 가량 없어진 걸 실감합니다. 요즘은 공황장애 약을 굳이 복용하지 않아도 생활에 지장이 없다는 것을 경험합니다. 또한 항상 식도염에 속이 쓰린 경우도 사라졌다는 것도 놀랍습니다.

수맥차단이나 알칼리수가 마술이 아닌 걸 알고 금방 효과를 가져온다고도 생각하지 않았습니다. 하지만 저는 생활에 변화가 온 걸 확실히 알겠고 서서히 좋아지는 변화에 호의적인 생각을 갖습니다. 그래서 아들네 집에도 수맥이 흐르는지 송재승 선생님의 도움으로 알아봤고 그곳 또한 차단이 필요했던지라 급히 수맥차단과 알칼리수도 공유하게 되었습니다.

제 아들과 며느리와 손자에게도 좋은 영향을 미칠 수 있도록 권유했고 그 경과를 지켜보고 있는 중입니다. 사랑하는 주위 분들과 내게 찾아온 좋은 경험들을 함께 하고 싶고, 만약 저와 같은 고통을 가진 분이 있다면 보다 건강하게 삶의 질이 높아지기를 희망합니다.

보다 많은 분들게 전하고 싶습니다. 이렇게 희망이 보이는 상황을 만들어 주신 송재승 선생님께 다시 한 번 감사의 말씀을 전하고 싶습니다.

선생님께 받은 은혜를 다른 분들과도 나누고 싶습니다. 선생님 같은 분이 곁에 계셔주셔서 너무 다행이고 사심 없이 진심으로 애써 주셨던 도움에 평생 감사하는 마음을 잊지 않겠습니다.
(2023년11월4일)

5) 황반원공 완치를 향하여 변영우 (1951년생~)

변영우님은 2002년도 대전 한밭대학교 CEO 4기 과정에서 만난 분이다. 1기수마다 100여 명 정도 학생인데 과정이 끝나고 우리 반 학생들 10여 명이 모임을 만들었는데 모임 이름이 "한밭 A+" 이다. 매월 한 달에 1번 만나는데 아직까지 모임이 유지될 정도로 출석률도 아주 좋고 의리랄까 동지애가 대단하다.

2022년 5월에 모임에서 변영우님을 뵈었는데 아무것도 못 드시고 상태가 위중하게 보여서 무척 마음이 쓰였다. 나는 오랫동안 모임에서 만났기 때문에 그분이 점점 상태가 심각하게 악화되는 모습을 지켜보고 있었다. 나는 안타까운 마음에 전화를 드렸고 6월5일에 거주하시는 집에 수맥 탐사를 진행했다. 변영우님은 농협 지부장으로 퇴임한 후에 대전 유성 근처에 상가주택을 건축해서 몇 개 층은 세를 주고 꼭대기 층은 외아들과 함께 두분이 살고 있다.

아니나 다를까 건물 전체가 수맥의 영향을 받고 있었다. 침대가 놓인 자리, 앉아서 생활하는 쇼파 자리, 본인이 사용하는 서재, 그리고 아들이 사용하는 컴퓨터가 놓인 자리 모두 다 수맥이 흐르는 자리였다. 당장 수맥차단재를 설치했다. 변영우님은 성격상 맹목적으로 믿지 않는 스타일이지만 안 좋다고 하는 것은 당장 조치를 취한다고 말하였다.

매월 병원에 가서 왼쪽 눈에 주사를 맞고 있던 상황인데, 11월에 병원을 방문했더니 "관리가 잘 되고 있군요"하고 의사가 만족하면서 3개월 후에 오라고 말을 했다. 3개월 후인 23년 2월에 갔더니 6월에 와라, 다시 4개월 후인 10월에 오라고 했다. 다음 정기검진은 24년 2월이다.

6년 여 동안 한달에 한 번 병원에 가서 아일리아 약물을 주입했었는데, 수맥차단재를 설치한 이후 4개월 마다 한번씩 주사를 맞고 있다. 송재승 대표가 알칼리수를 권했지만 원래 물을 마시지 않는 스타일이라 간신히 한병 정도 마시고 있다.

즉 수맥차단재를 사용하고 생활했더니 불치병인 황반원공이 점점 나아가고 있다는 증거이다.

충남대병원에서 왼쪽 눈에 황반원공 진단을 받아서 사물이 구불구불하게 보이며 시야가 희미한 상태가 지속됐다.

죽동에 아파트에서 계속 살다가 아내와 사별한 후 2017년도 11월에 3층 건물을 건축해서 들어갔다. 2018년부터 황반원공이라는 진단을 받았고, 그해 3월에 왼쪽 눈이 갑자기 안 보였다.

1년 반 쯤 지난 후에 아일리아라는 약을 왼쪽 눈 동공에 맞는데 완치는 없이 병의 진행을 늦추어줄 따름이라고 들었다. 주사 1방에 120만 원이 들었는데 희귀 난치병으로 2020년부터 산정 특례로 보험이 적용되어 10만 원내로 그나마 다행이라면 다행이랄까? 산정 특례는 5년마다 연장이 된다.

명확한 원인 없이 발생하는 망막질환을 예방할 수 있는 가장 좋은 방법은 정기검진을 통해 질환을 조기에 발견해 치료하는 것이다.

대전 둔산동 농협지점에 과장으로 입사를 했고, 논산시 농협지부장으로 2008년도 퇴직하였다. 나는 본인의 직성대로 살아가는 스타일로 농협 업무에 아주 성실하게 올인하였다.

2000년도에 내가 크게 체해서 몹시 고생했다. 일반 병·의원을 다녀도 낫지 않았다. 다음 순서는 한의원에서 치료하는 건데 역시 낫지 않았다. 내 몸 어딘가 위를 통과하며 지나가는 곳에 아주 근원을 알 수 없는 쳇기가 묵직하게 나를 좀먹었다.

세 번째 단계는 전국에 숨어있는 고수, 스님, 민간요법 대가들을 찾아서 서울 강원도 부산까지 수십 군데를 다녔다. 대체의학의 맹점은 합법이 아니라는 이유로 후계자에게 전승하지 못하기 때문에 맥이 끊어지고 말았다. 내 생각에는 우리 전통의 맥이 의료계 기득권의 독과점에 의해 단절되고 고사되었다고 여기기에 아쉬울 따름이다.
 신기한 것은 병원에서 초음파를 찍어봐도 나의 위는 상처 하나 없이 몹시 깨끗하다는 것이다. 그래도 나는 쳇기를 느끼며 고생하고 있다. 그래서 현재는 식사를 거의 유동식 위주로만 하고 있다.

 책을 좋아하고 티비를 보고 산책도 하고, 주변에 상대초등학교 운동장에서 4시 이후에 혼자서 맨발 걷기를 1시간 정도 걷는 것이 나의 루틴이다. 걸으면서 휴대폰으로 내가 좋아하는 역사와 세계사 강의를 듣는다. 원래 나는 등산을 좋아해서 전국의 산을 거의 다녔다.

 2012년 1월20일 친구와 둘이 대전 인근 산을 등산하고 있었다. 얼어있는 등산로를 걷다가 미끄러져서 뒹굴면서 넘어졌다.

 여러 곳을 전전하다가 최종적으로 서울의 병원에서 진단을 받았다.

무릎 연골이 다 찢어지고 연골판도 깨져버렸다고 했다. 등산은 접었지만 평지는 걸을 수 있기에 그나마 다행이라고 여긴다.

나는 논산에서 초 중 고를 나와서 커뮤니티가 끈끈하다. 노후의 철학은 자족하며 살아가는 것이다. 매주 2번 정도 끈끈하게 친구와의 모임, 단체 모임으로 노년의 고독은 없다.

송재승 대표는 오랫동안 변영우 회장을 지켜보면서 처음부터 본인이 개입하지 않은 것을 안타까워하는 마음이 크다. 이유를 물어보니 CEO 반모임에 이미 어떤 사람이 수맥 관련 사업을 하면서 함량 미달인 수맥차단재를 판매하면서 피해를 끼쳤던 해프닝을 보았기 때문이란다. 수맥 장사를 하는 사람과 대비되어 분란을 일으킬까봐 과묵한 송재승 대표는 자신이 아주 오랫동안 수맥을 공부한 전문가라는 사실을 밝히지 않았다고 한다. 시시비비를 원치 않는 올곧은 성격을 가졌다는 것을 알 수 있다.

6) 수맥차단이 나를 살렸다. 유영자(1948년생~)

 유영자어머니의 아드님과 나는 오래전부터 인연이 있어 호형호제하면서 지냈다. 천안의 OO청으로 발령을 받았을 때 아우님을 만나 미팅을 하는데 얼굴에 수심이 한가득이다. 어머니가 갑상선 암을 진단받고 암 수술을 하셨는데 건강 상태가 많이 저하된 상태라는 것이다. 그때가 2007년의 일이다. 나는 당장 아우에게 집에 방문하고 싶다고 말을 했다. 그 이듬해인 2008년에 부친이 위암 수술을 하셨다.

 아우의 부모님은 안방에서 침대 없이 바닥에 요를 깔고 주무시는 생활을 해 왔는데 수맥 체크를 해보니 강한 수맥 두 줄기가 교차하고 있었다. 이 자리가 옛날에 우물터라고 하셨다. 당장 수맥차단을 하였고, 다른 방으로 자리를 옮겨 드렸다. 다행히 마음이 열려있는 유형이어서 나의 이야기를 별 거부감 없이 받아들여서 감사할 따름이다.

 나는 평상시에 어딘가 특이하게 아프지는 않았지만, 항상 근력이 없고 힘이 없어서 너무 일을 많이 해서 그런가 보다 짐작만 하였다. 티비를 보니 갑상선암에 대한 이야기가 나와서 나는 홍성에 있는 병원에 가서 초음파를 찍어봤다.

나는 아직도 초진을 해준 그 의사에게 고마움을 느낀다. 의사는 갑상선 모양이 이쁘지 않고 이 모양이니 100% 암인 것 같습니다. 여기저기 작은 병원에 돌아다니지 마시고 큰 대학병원으로 가시라고 조언했다. 그때가 여름이었는데 시누이 남편과 같은 절에 다니는 친구남편 등이 애를 써줘서 이듬해 5월에 수술날짜를 잡았다. 그런데 갑자기 11월11일 수술 건이 하나 취소된 게 있는데 수술하시겠냐고 연락이 와서 운좋게 수술을 마쳤다.

담당의사는 항암치료가 안되니 방사선 약을 먹으라고 처방했다. 보통 8번까지 약을 먹는다고 하는데 나의 경우에는 4차까지 약을 먹으라고 했다. 방사선약이 얼마나 독한지는 모르겠는데 의사가 신신당부하는 것이 있었다. 바로 방사선 약을 먹고 오는 날은 기차도 혼자 앉아서 타고 돌아와야 하고, 내가 먹은 밥그릇이나 반찬 그릇들은 다용도실에서 따로 설거지를 해야했다. 마침 집에 화장실이 두

개여서 화장실도 나 혼자만 사용했다. 여름부터 수맥차단을 하고 잠자리를 바꾸어서 그런지 방사선 약을 4번 먹으라고 했는데 2번 먹고 나니 의사가 기적이라고 했다.

내가 61세에 갑상선암을 수술하고 난 이듬해 2008년에 남편이 위암수술을 하게 되었다. 그때 남편은 66세이셨는데 위암 초기이기는 하나 '식도 문을 열고닫는' 기관에 있는 묘하게 어려운 자리에 암이 생겼다고 들었다. 암 자리를 다 떼어내고 나서는 항암치료를 마치고 침대에 앉아서 주무셨다. 누우면 먹은 것이 역류하니까 식도염으로 고생하기 때문이다. 다 나았고 완치 판정까지 받았다.

내가 지나온 나의 세월을 되새겨보았다. 나는 시집오기 전에 아주 건강한 체질이었다. 친정에서 큰애기 되도록 그 힘든 농사일이며 집안일을 다 도우며 살다가 25살에 시집을 왔다. 그 시절 모두 다 어려운 시절이라 열심히 살면서 1996년도에 지금 살고 있는 이 자리에 집을 지어서 들어왔다. 워낙 부지런한 성격이라 1층에서 송학슈퍼를 운영해서 집을 일으켰다. 2007년까지 11년을 꼬박 수퍼 계산대 자리에 앉아서 생활했다.

수맥을 차단하니 그제서야 알게 되었다. 내가 슈퍼에서 물건을 팔며 대부분 시간을 보냈던 그 자리가 바로 수맥 자리였다. 그 수맥 자리 2층이 바로 우리가 잠을 자던 안방이다. 그 옛날 우물이었던 바로 그 자리였으니 수맥을 깔고 살았던 것이다.

슈퍼를 운영할 때 갑자기 오른쪽 눈이 새까맣게 아무것도 안 보였다. 왼쪽 눈을 가리고 쳐다봤더니 그야말로 깜깜 절벽이다. 내가 오피스텔을 청소하다가 세제가 눈에 튀어서 들어갔다. 안과에 가서 초음파로 검사하고 실명이 될 수도 있다고 말을 들었다. 닷새 만에 갔더니 수술 못할 것 같다고 해서 다시 천안 단국대병원 안과에 갔더니 각막에 아주 가느다란 실핏줄이 뚫어졌는데 연결해보자고 했다. 부처님이 도우셨는지 실핏줄 연결 수술이 잘되어서 다시 눈이 보였다. 오른쪽 눈은 지금 사물을 보면 구부러지게 보이긴 하지만 그나마 볼 수 있으니 천만다행이다. 갑상선 수술 전에 겪은 거지만 지금도 그저 가슴을 쓸어내린다.

중이염도 아주 심각하게 앓았다. 그리고 갑자기 대상포진을 2번이나 앓았다. 대상포진이 참을 수 없을 만큼 아픈 것이 특징이라던데 나는 얼마나 더 아팠는지 지금 생각해도 고개가 절로 저어질 정도였다. 낮에 일하니까 컨디션이 좋아야 하기에 아들을 아끼는 마음으로 바람에 몸의 털이 쭈뼛 찌르는 통증을 참아보려고 애를 써도, 얼마나 아팠는지 급기야 잠자는 아들을 깨워서 응급실로 달려갔다.

나는 확실하게 수맥의 영향을 받았다고 생각한다.

그런데 두 번째 시련이 우리를 기다리고 있었다. 남편이 완치 판정을 받고 7~8년이 지난 후였다. 아침상에서 남편의 발을 우연히 보았는데 발등이 소복하게 부었다. 그래서 남편이 수술했던 서울대학병원에 예약하고 가서 검진을 받았다. 폐 옆에 물이 고여있다고 해서 물을 다 빼고 돌아왔는데 대략 1년 후에 다시 발등이 소복해졌다. 그래서 검사를 해보니 전이는 아닌 새로운 암이 이미 4기라는 진단이 떨어졌다. 수술까지 해서 생존할 확률도 그렇고 하니 수술을 하지 않는 쪽으로 가닥을 잡았다. 그렇게 3년을 더 사시다가 77세에 임종하셨다.

송재승 대표는 놀랍게도 수맥은 차단했지만 우리 부부가 전기장

판을 많이 사용해서 전자파의 영향으로 남편이 다시 병마가 찾아왔다고 말해줬다.

나의 경험상 수맥을 차단하고 안방에 들어가서 누워봤다. 그동안 몰랐는데 차이를 느꼈다. 수맥을 차단하기 전에는 잠을 자려고 누워 있으면 몸이 들썩들썩 했던 기억이 났다. 항상 그런 것이 아니라 마치 주기가 있는 것처럼 몸이 들썩거렸다. 그게 수맥파의 파동 때문이 아닐까라고 생각했는데 나의 추측이 맞다고 한다.

수맥을 차단한 후에는 이제 내 몸에 별탈이 없다고 말할 수 있다. 만 나이로 벌써 78세이고 여기까지 무탈한 것은 수맥을 차단한 덕이라고 굳게 믿는다. 그동안 수맥이 전혀 없는 문간방에서 자고 남편은 거실에서 주무셨는데 아이들이 오면 농담으로 엄마 나오셔라. 아빠에게 문간방 내드려라 하고 농담하던 게 엊그제 같은데 정말 그렇게 할 걸 그랬다. 지금 생각해봐도 큰아들식구가 다섯인데 명절 때 모이면 거실에서 이불 펴고 잤는데, 손자가 자다가는 꼭 일어나서 문간방으로 들어와서 자는 게 신통했다.

안방은 잠자는 자리에만 차단했고 냉장고와 큰 살림살이를 갖다 둔 창고로 사용하고 있다. 나는 물론 문간방에서 편안히 숙면을 취한다. 전에는 자식 고생시킬까봐 오래 사는 게 걱정이었는데 벌써 80살이 코 앞이다. 구십으로 정정해야 할 것 같다. 송대표를 만나고 나서 지나간 세월을 하나하나 되뇌어보니, 그나마 내가 천운을 가졌다는 것을 느끼겠다. 수맥 때문에 건강을 잃었지만 운좋게 바로 수맥을 차단한 덕분에 9988을 꿈꿔도 될 것 같다. 감사할 일이다.

연령 관련 황반변성은 3대 실명질환 중 하나로 꼽히면서 그 증상도 일반인들에게 비교적 널리 알려져 있다. 하지만 유영자 어머니처럼 사물이 휘어진 것처럼 보인다고 해서 황반변성은 아니며, 다른 망막질환일 가능성도 있다. 얼마 전 뵀는데 아주 건강한 모습이셔서 기뻤다.

7) 논산시 양촌 10만 평 크기의 산에 유일한 관정을 뚫었다.

한국조경기술연구소(주) 김동일 대표가 양촌에 4만 평 산을 구입했다. 양 옆으로 3만여 평씩 다른 조경업체의 산이 같이 자리한 곳이다. 물을 찾는 일이 급선무이기에 물 자리를 찾아 주었다. 4만 평 중 8천 평을 개발해서 묘목을 재배하는데 절대적으로 필요한 물을 찾아야 한다. 나는 정확한 포인트를 잡았고, 후에 논산에 두 군데 관정업체가 현지에 와서 잘 잡았다고 감탄했다.

관정 파는 분들이 하다 하다 안 되면 나에게 연락해서 봐주기도 했다. 물이 꼭 필요한 상태에서는 나름대로 수맥을 찾아서 포인트에 찔러서 물을 빼내는 것이다.

우물 관정을 시공할때 수맥이 2줄기 이상 교차하는 곳을 시추 한다. 수목이 우거진 산인데 총 10만여 평 크기에서 물줄기가 나오는 곳은 단 한 포인트 뿐이라니 믿어지지 않을 것이다. 근처의 땅 주인들이 물을 나누어 쓰자고 했는데 나중에 분쟁의 소지가 명백하므로 거절하였다고 들었다. 대신에 골짜기에 고여 있는 물을 사용하도록 허락을 했다고 한다.

8) 논산시 광석면 사례

논산시 국장으로 정년하신 윤병권님으로부터 연락이 왔다. 국장님과 나와의 인연은 벌써 20년이 훨씬 넘는다. 논산시 광석면에서 거주하고 있는 현재 70세이신 남성이 대상포진에 걸렸다고 생각해서 병원에 갔다가 폐에 무언가가 있다는 의사의 말을 들었다고 한다.

나는 윤 국장님과 함께 그집으로 가서 수맥탐사를 해 보았다. 안방에 큰 수맥 1줄기가 흐르고 있었다. 나는 그분에게 수맥의 피해에 대하여 컨설팅을 해 주었다. 그러나 그분은 수맥에 대한 편견이 있었다. 그리고 마당에 귀신이 못 들어오게 개복숭아를 심었다고 말하셨다. 터의 비밀이랄까? 영적인 분야라서 뭐라고 할 말은 없지만 나의 관점에서는 잠을 자는 잠자리만 옮기면 건강도 좋아지고 숙면할 수 있을텐데 참 아쉬울 뿐이다.

부인은 무의식적으로 안방이 아니라 거실에서 잠을 잤다고 한다. 부인은 무언가 불편해서 거실로 나왔지만 의뢰인 남편은 안방이 내 자리라고 생각해서 잠자리를 고수해 왔다.

일단 수맥 차단보다도 먼저 본인이 이 자리와 저 자리의 차이를 느껴야 한다. 느껴본 후에 차단을 해도 늦은 건 아니다.

9) 송재호 국제기능올림픽대회 부지도위원

 2021년도에 선수촌에 입소해서 코로나 때문에 대회가 취소돼서 22년도 46회 기능올림픽 목공국가대표선수로서 스위스에서 개최된 46회 국제기능올림픽대회 출전해서 금메달을 획득했다. 나는 수맥에 대해 정확하게 잘 모르는데 내가 입소해서 훈련을 하는 도중에 컨디션이 안 좋을 때가 많았다. 목에 담이 많이 걸리고 피부가 평소보다 여드름이 심해졌다. 그리고 얼굴 오른 쪽과 허리 그리고 팔꿈치 여기저기에 4센티 정도 크기의 습진이 생겨서 진물이 줄줄 났었다.

 목에 담이 심하게 걸려서 잘 움직이지 못해서 훈련을 해야하는데 지장이 많았다. 임시방편으로 목에 파스도 붙이고 힘들게 훈련을 이어갔다. 어느날 우리 지도위원님과 송재승 지도위원님이 대화를 하고 계시다가 나를 보셨다.

 송재승 지도위원님이 내 방에 찾아오셔서 수맥을 봐주셨다. 자리가 굉장히 안좋다고 하셨다. 그래서 담당부서 부장님에게 찾아가 직접 말씀을 해서 내 방에서 세 칸 정도 옆방으로 이사갔다. 송재승 지도위원님께서 침대 위치도 바꾸고 누워서 자는 방향을 바꾸고 방에 가구를 놓는 구조도 정해주셨다. 옮긴 방에서도 더 좋아지는 방향으로 레이아웃을 해주실 만큼 섬세하게 신경을 써주셔서 정말로 고마운 마음이 들었다.

그렇게 해서 끝날 때까지 숙소에 머무르는데 그 때 이후로 담 증세는 확실하게 호전됐고, 습진은 좀 좋아진 것 같았다. 코로나 기간이라서 외출도 엄격하게 제한된 상황이었다. 그래서 그런 건 아니지만 애초에 병원을 다니지는 않았고 불편한 것은 사실이었다. 시간이 지나자 자연스럽게 완쾌가 되고 훈련도 열심히 해서 금메달을 목에 걸었다.

그 사건을 계기로 훈련소 방방마다 수맥파를 체크하고 몇 명 선수들이 방을 바꿨다.

운동선수에 감독이 있고 코치가 있듯이 나는 현재 목공부 부지도위원으로 활동하고 있다. 서울디자인고등학교를 2020년도에 졸업하고 2020년 12월에 선발돼서 21년 5월에 국가대표선수촌에 입소해서

22년도에 금메달을 획득했다. 2023년도 가구회사에 입사해서 설계부서에서 근무하다 퇴직해서 개인사업자를 내고 사업확장 중이다. 올해 2024학년도에 한양사이버대학 마케팅학과에 입학해서 공부하는 중이다. 청년의 기세로 나의 미래를 찬란하게 펼쳐나갈 것이며, 나를 키워준 은사님들에게 보답하듯이 사회에 공헌하며 열심히 살겠다.

10) 1998년 9월1일

중구 목동 주택에서 27년 째 거주하고 있는 친구의 의뢰를 받고 집을 방문해서 수맥 탐사를 하였다. 큰 수맥 4줄기가 집 전체에 겹쳐서 흐른다. 아버지와 어머니 두 분 모두 건강이 상당히 안 좋으시다. 할머니는 치매로, 할아버지는 중풍으로 고생하시다 돌아가셨다. 친구의 어머니는 오랜 세월 동안 악몽을 자주 꾸고 가위에 자주 눌린다고 들었다. 그 당시 금액으로 3~400만 원 정도 하는 굿을 1년에 서너 번씩 한다고 들었다. 어머니는 늘 귀신 이야기를 하시고 머리가 아프고, 신경성 정신질환, 빈혈에 허리가 안 좋고 심장도 좋지 않다고 말씀하셨다.

 나는 수맥탐사 후 친구에게 집의 상태를 이야기하고 이사를 권유했다. 돌아온 결과는 친구와 거리가 멀어졌다. 친구 어머니께서도 그리 달갑지 않게 생각하셨던 모양이었다. 나의 진심을 잘 모르셨나 보다. 다행히 11월 말 경에 이사를 간다는 친구의 말에 안도하였다. 이사를 한 후 친구에게 물었더니 우선 전세를 얻어서 이사를 하였다고 한다.

나는 친구에게 이야기하지 않고 혼자 가서 수맥탐사를 해 보았다. 다행인지 행운인지 이사를 한 집은 수맥이 전혀 없는 좋은 터의 집이었다. 나는 너무 기뻤다. 그 이후 친구와는 가끔 통화하고 지내고는 있지만 전과 다른 거리감이 살짝 들었다. 그렇지만 어머니가 굿을 전혀 하지 않으신다고 들었다.

11) 1998년 9월2일

서구 둔산동 00아파트로 이사한지 5개월 정도 되었다. 안방과 딸 방은 수맥이 2줄기가 겹쳐서 흐르고 아들 방은 1줄기가 흐른다. 가족 모두 안 좋은 꿈을 많이 꾼다고 한다. 허리, 머리, 어깨, 신경성, 위가 좋지 않다고 들었다. 의뢰인은 특히 장마철에는 허리가 몹시 아프다고 한다. 그리고 부인은 담이 자주 걸린다고 하였다. 수맥차단 후 전반적으로 양호한 기분이 든다고 했다.

12) 1999년 1월14일

중구 문화2동 00아파트로 이사한 지 3개월이 되었다. 수맥탐사를 의뢰받아 탐사를 해보니 침대 중간으로 지나가는 물줄기가 있었다. 의뢰인은 허리, 어깨, 신경성으로 고생을 하고 있었다. 꿈도 많이 꾼다고 한다. 마침 침대를 옮길 수가 있는 공간이 있어서 옮겨 주었다. 자리를 옮긴 후 1월 23일 확인을 하니 숙면을 하고, 몸이 가벼워지고, 꿈도 덜 꾼다고 한다.

13) 2003년 2월 20일

대덕구 법동 00아파트에 가족 구성원은 남편, 본인, 아들과 입주한 지 1년이 지나자 집안이 편안하지 않다고 생각하여 수맥 탐사 의뢰를 하였다. 의뢰인은 이 집으로 이사 온 후부터 몸이 안 좋다고 느꼈다. 본인은 꿈을 많이 꾸고 허리, 관절, 현기증 등으로 고통을 받고 있으며, 남편 역시 허리와 무릎이 안 좋다고 한다.

수맥 탐사 후 잠자리를 옮겨 주고 2월 26일과 3월 7일 전화상으로 체크 한 결과 가족 모두 잠자리가 편안해졌다고 한다. 나의 제안으로 5월 30일 같은 단지 내 아파트로 이사를 간 후에는 집안이 편안하고 잠자리 또한 좋아졌다고 한다.

14) 2003년 2월22일

중구 문화동 00아파트 7년 거주 본인, 부인, 아들 2명과 거주하던 당시 의뢰인은 국세청에서 정년 퇴임을 하였고, 아들이 내가 운영하는 회사에 건축직 대리로 근무를 하였다. 김00 대리는 어느 날 나에게 찾아와서 아버지께서 집에 수맥탐사 의뢰를 부탁한다고 했다. 나는 흔쾌히 승낙을 하고 수맥탐사를 하였다.

안방은 수맥이 2줄기 겹쳐서 흘렀다. 아버지는 장기성과 현기증 증세가 심하게 있었고, 어머니는 건양대병원에서 암 수술을 3번 하였다고 한다. 두 분은 평상시 가위눌림이 심했다고 한다. 그때 당시 가족 중 한 분은 원인 모를 병고에 시달리고 있고, 이곳으로 이사 와서 건강이 급속도로 더 안 좋아졌다고 한다. 외출하면 기분이 좋아지고. 가족들도 집안이 편안하지 못하다고 했다.

다행히도 5월18일 수맥차단을 하고 어머니께서 건강이 많이 좋아졌다고 김00 대리로부터 전해 들었다.

15) 2006년 4월27일

대전 월평동 00아파트 약 12년 거주 가족은 본인, 부인, 아들이 살고 있는데, 아들은 군에 입대했다고 한다. 00대학교에 공사 수주를 하여 발주자와 시공자로 만남을 가졌다. 공사를 하면서 현장 방문을 갔다가 00대학교 시설과에 들러 인사를 드렸다.

당시 시설과장이던 의뢰인과 차를 마시면서 이야기를 하다가 내 명함을 보고 자신이 앉아있는 자리에 대하여 물어봤다. 나는 그 자리에 수맥이 한줄기 흐르기 때문에 자리를 옮길 것을 권유하고 테스트까지 해주었다. 의뢰인은 깜짝 놀라면서 즉시 책상을 옮겼다.

내친 김에 자택도 수맥탐사를 요청해서 수맥 탐사를 하였다. 작은 방 하나만 괜찮고 집 전체가 안 좋았다. 의뢰인은 신경이 예민해서 꿈을 많이 꾸고, 가위눌림, 착시현상이 심하다고 했다. 집을 떠나면 기분이 좋아진다고 말했다. 우선 작은 방으로 거처를 옮겨서 생활하라고 했다. 의뢰인은 작은 방으로 옮겼는데 부인은 믿지 않고 안방에서 계속 생활했단다.

나는 부인이 집에 있을 때 초대해달라고 주말에 들렀다. 부인은 독실한 기독교인이라서 하나님이 본인에게 큰 숙제를 주었다고 생각을 하며, 정신력으로 이겨낼 수 있다고 말한다. 게다가 귀신들과 대화도 자주 한다고 말했다. 내가 자료를 보여주면서 차분하게 설명을 하였더니 이해를 하고 작은 방으로 거처를 옮기겠다고 했다. 운동을 많이 하는 분이라 몸은 건강한듯 보이지만 정신적인 건강 상태가 너무 안 좋았다.

9월3일 의뢰인은 두통이 심하고 무기력하고 우울증이 심하여 정신과 치료를 받아야 할 지경이라고 했다. 수맥차단을 부탁해서 9월9일 오전에 수맥차단을 하였다. 나는 의뢰인 부부에게 두세 시간 지압치료를 병행하였다. 매주 일요일마다 방문해서 부부에게 지압을 한 결과 대체적으로 많이 호전된 것을 확인하였다. 부인은 아직도 우울증과 현기증 증세가 보여 종합검진을 받아 보라고 권유했는데 맥이 전혀 없다고 하였다. 이렇게 살아온 것이 기적이라 생각한다. 내가 6개월간 매주 지압을 해드리고 상담도 병행한 결과 다행히도 건강을 많이 찾아서 현재까지 건강하게 활동을 하고 있다.

16) 2022년 7월9일

2019년 1월19일 거제도에서 대한민국 건설산업현장교수단 정기 총 회에서 만나 의뢰인과 처음 인연을 맺었다. 2022년 7월16일~17

일 하조대호텔 비치하우스에서 산업현장교수단 하계 세미나에 참석했다.

17일 설악산 오색약수터를 방문하여 용소폭포까지 올라갔는데 이슬비가 내려서 의뢰인과 우산을 같이 쓰게 되었다. 한참을 이야기하다 보니 의뢰인은 위암 수술을 하고 부인이 갑상선암 수술을 받아서 6개월에 1번씩 정기적으로 검진을 받는다고 한다. 나는 깜짝 놀라서 수맥에 대하여 자세하게 설명하였다.

의뢰인께서는 당장이라도 함께 자택을 방문해 달라고 하였다. 서로가 일정을 잡기 힘들었지만 최대한 빨리 7월 19일 저녁 6시로 정했다. 서울 은평구 불광동 롯데캐슬 아파트에서 본인, 부인, 딸이 살고 있고 결혼한 아들은 분가하였다.

우선 의뢰인과 만나서 부인이 일하는 사무실을 먼저 방문하였다. 프리랜서로 규모가 작은 사업장에 책상과 회의 테이블이 오밀조밀하게 배치되어 있었다. 강한 수맥이 1줄기가 있었다. 의뢰인의 아파트에도 안방에 1줄기가 있다. 침대가 놓여 있는 안방에 강한 수맥이 흐르다 보니 건강을 잃을 수밖에 없을 것이다. 참으로 안타까운 일이다.

나는 우선 부인을 거실로 자리를 옮겨 주었다. 부인이 근무하는 자리
는 수맥차단을 부탁하여 수맥차단을 해 주었고 8월9일 의뢰인께서
다니시는 직장도 수맥탐사를 하여는데 여기는 2줄기가 겹치는 곳이
라서 많이 안 좋은 장소이다. 의뢰인 자리 또한 수맥차단을 한 후 많
이 좋아졌다고 한다. 정말 감사한 일이다. 나의 경험상 암에 걸리는
의뢰인들은 자택과 근무지 모두 강한 수맥이 흐르는 자리에서 오랜
기간 동안 집중적으로 몸을 노출시켜서 중병에 걸린다고 믿는다.

17) 2022년 9월11일

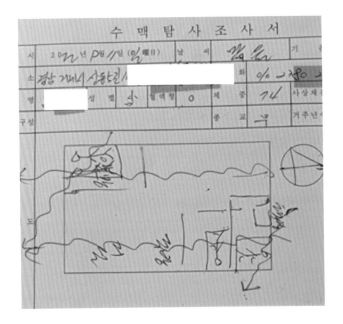

경남 거제시 상동 00아파트에서 의뢰인, 부인, 아들, 딸이 5년 전
부터 거주하고 있다.

9월9일 오후에 수원에 살고 있는 친구가 추석 명절을 쇠려고 대전
에 왔는데 동창들 얼굴을 보고 싶다는 연락이 왔다. 나는 고등학교

3학년 때 담임선생님이셨던 홍성학 은사님을 무주 안성에서 찾아뵙고 대전으로 올라오는 길이었다.

친구하고 괴정동 소나무풍경이라는 식당에서 만나기로 해서 저녁식사를 했다. 친구와 오랜만에 만나니 반갑고 즐거웠다. 식사를 마친 후 카페에서 커피를 마시면서 친구가 수맥에 대하여 문의를 했다. 나는 종종 페이스북이나 인스타그램, 카카오스토리에 수맥 탐사 활동을 올리기 때문에 그것을 보고 관심이 있어서였다.

나는 수맥에 대하여 자세하게 설명하고 다양한 사례들을 이야기해 주었다. 친구가 나에게 거제시에 방문을 부탁을 했지만 나는 정중하게 거절했다. 대전이나 근교라면 얼마든지 가서 봐 줄 수 있겠지만 우선 거리가 너무 멀고 과로 때문에 당시 내 컨디션도 좋은 상태가 아니었기 때문이다. 그런데 친구에게 사정 이야기를 들어보니 너무나 안타까운 사연이었다.

다름이 아니라 처조카가 신장이 망가져서 신장이식 수술 전의 단계라고 한다. 그러다보니 이모부 입장에서 자식 같은 조카라 어떻게

든 도움을 주고 싶다고 한다. 명절 기간이고 너무나 먼 장거리라서 망설이고 있는데 친구가 대리운전을 붙여주겠다는 제안을 했다. 나는 내가 직접 운전만 하지 않으면 좋다고 했다.

그래서 추석을 쇠고 다음 날인 9월11일 아침 8시에 대리운전 기사가 우리집으로 와서 내 차로 거제시로 향했다. 휴게소에서 한번 쉬고 목적지에 도착하니 3시간30분 정도 걸린 듯하다. 우선 의뢰인의 자택 아파트를 가서 인사를 하고 테스트를 하였다. 이 집은 정말 안타깝게도 4줄기의 수맥이 탐사가 되었다. 안방에 2줄기 아들 방에 2줄기로 수맥 데이터를 설명했다.

그리자 의뢰인이 본인 부부는 안방에서 잠을 안 자고 거실에서 잔다고 한다. 그리고 아들과 딸은 각자의 방에서 잔다고 한다. 당연히 안방에서 잘 수 없을 정도로 큰 수맥이 교차를 한다. 아들은 방에 컴퓨터가 있어서 게임도 하고 잠을 잔다. 아들은 잠잘 때 가위눌림도 심하고 잠을 잘 못 잔다고 말하는데 몸 상태는 굉장히 안 좋은 상태이다. 그래서 컨설팅을 마치고 나는 이사를 권유하였다. 이런 공간에서는 온 가족의 건강을 잃는 터이기 때문이다.

그런데 아쉽게도 수맥차단도 하지 않고 이사도 가지 않은 모양이다. 후에 아들이 수술한다는 소식을 친구로부터 전해 들었다. 하지만 그 자리에서 계속 살아간다면 재발의 위험이 있기에 참 안타까울 따름이다. 밥상을 차려서 수저로 입에 떠 먹여줘도 본인이 입을 벌리지 않으면 어쩔 수 없듯이 이것도 매 한 가지이다. 어렵게 발걸음을 해서 컨설팅을 해도 알아듣지 못하면 마음이 아프고 답답할 뿐이다. 나의 선택이 아닌 그들의 선택이기 때문이다. 그들이 크게 아프지 않기를 바라고 기도할 뿐이다.

18) 2022년 8월10일

서울 강남구 테헤란로 00회관 사무실이다. 의뢰인은 자택과 사무실 수맥 탐사를 의뢰하여 자택은 탐사를 한 후 사무실을 탐사 하였다. 2줄기의 수맥이 탐사되었다. 수맥탐사 후 바로 차단을 하고 의뢰인의 컨디션이 좋아졌다고 들었다. 참말로 다행이다.

19) 2022년 9월25일

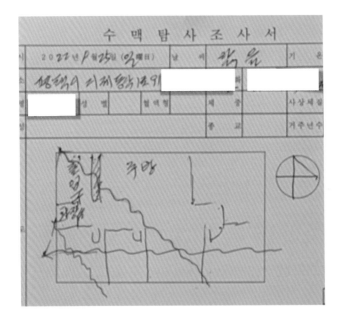

경기도 평택시 지제동 00아파트 000동 2500호 가족은 본인, 부인, 딸이 살고 있다.

의뢰인은 사업을 하면서 국제기능올림픽 국제지도위원으로 활동을 하는 분이다. 나와 함께 오랜 세월 동안 기계 분야에서 활동을 하고 있다. 며칠 전 건축직종의 국제지도위원으로부터 연락이 왔다. 무슨 일이냐고 물어보자 친구이면서 국제지도위원이신 분이 내 페이스북을 통해서 수맥 탐사를 하는 것을 많이 보았던 모양이다.

그래서 친구분에게 부탁하여 나에게 연락을 한 모양이다. 나는 의뢰인과 통화를 하여 평택 지제동 자택을 방문해서 수맥탐사를 하였다. 수맥이 3줄기가 탐사되었다. 당연히 안방과 거실 작은방들이 탐사되어 가족 모두가 깊은 잠을 못 자고 가위눌림과 악몽도 자주 꾼다고 한다. 부인은 암 수술을 한 후라 기운이 정말 없어 보인다. 하지만 수맥 탐사 이후 연락을 주겠다던 의뢰인은 이후 연락이 없다. 이 집도 이사를 권유하였다.

20) 2023년 5월31일

대전 서구 탄방동 사무실 매장이다. 의뢰인이 전화로 매장 방문을 부탁하였다. 나는 매장을 찾아가서 수맥탐사를 하였다. 이 건물을 구입한 지는 몇 년 되었다고 한다. 수맥탐사를 하니 큰 수맥과 작은 수맥이 두 줄기가 있다. 책상과 가끔 쉬는 곳이 다 영향이 있다. 그래서 수맥차단을 하였다. 참 다행이다. 의뢰인의 부인은 4~5년 전에 자택에 수맥차단을 하였다. 그때 당시 건강이 좋지 않고 우울증과 잠을 깊이 이룰 수가 없었다고 했다. 그래서 수맥탐사 후 차단을 했었다. 그런데 1년 전에 유방암 수술을 하였다고 들었다. 아쉽게도이 사무실로 이사온 후 건강을 잃은 듯하다. 다행히도 수맥차단 후건강이 많이 좋아졌다고 하신다. 더욱더 건강해 지시길 기도합니다.

21) 2023년 6월16일

세종시 보람동 00아파트 가족은 본인, 남편, 딸 3명이 살고 있다.이분은 잘 알고 지내는 지인으로부터 소개를 받았다. 지인하고 모임을 하는 분으로 너무나 안타까운 마음으로 걱정하면서 나에게 이야기를 했다. 여성분으로 구안와사(口眼喎斜 얼굴신경마비증상. 입과눈이 한쪽으로 틀어지는 병)가 와서 병원 치료를 받고 좋아지고 있다고 했다. 다행히 나도 안면이 있는 분이기에 지인으로부터 소개를부탁했다.

조심스럽게 지인으로부터 소개를 받아 그분의 사무실에 가서 수맥

탐사를 하였다. 너무나 안타깝게 그분의 책상에 큰 수맥이 지나가고 있어서 테스트를 하여 수맥에 대한 인지를 시켜 주고 자리를 옮겨 주었다. 이야기를 들어보니 사무실 인테리어를 하면서 자리를 옮긴 것이 화근이었다. 전에 앉아있는 곳을 탐사해보니 전혀 문제가 없는 좋은 자리였다. 사무실 인테리어를 하면서 근무 환경은 좋아졌지만 자리가 굉장히 안 좋은 곳으로 배치가 되었던 것이다. 자리를 이동하여 주고 잘 마무리한 케이스이다. 참으로 다행한 일이다.

22) 2023년 8월05일

대전시 서구 월평동 000번지, 가족은 본인, 부인, 딸과 조카와 살고 있다. 나는 가끔씩 의뢰인과 만남을 갖고 차도 마시고 식사도 한다. 의뢰인은 전문건설업을 하시고 나와는 절친한 분이시다. 하루는 유성에서 일을 마치고 귀가하던 중에 의뢰인에게 전화를 드렸다. 마침 사무실에 있다고 해서 사무실에서 차 한잔 마시고 가라고 해서 사무실로 갔다. 사무실에 가서 차를 마시면서 대화를 나누던 중 책을 쓰고 있다고 하니 궁금하셨나 이것저것 물어보았다. 나는 수맥에 대한 책을 쓰고 있는 것에 대하여 자세하게 설명을 했다.

의뢰인께서 미안하지만 즉시 사무실과 집에 수맥을 탐사해 줄 수 있느냐고 이야기 했다. 의뢰인 댁은 상가주택으로 1층은 사무실이고, 2층은 자택으로 쓰고 있다. 나는 가능하다고 했고 그 즉시 수맥탐사를 진행했고 사무실에 수맥이 지나가는 자리를 의뢰인에게 이야기했다. 1층 사무실은 다행히 테이블 자리에만 수맥이 2줄기가 지나가고 사람들 자리는 지나가지 않았다.

그런데 의뢰인께서 나에게 고민을 털어놓는다. 2층 집에는 부인이 계셔서 지금은 어려우니 안 계실 때 다시 한번 도와달라고 부탁하였다. 그래서 다음에 약속을 다시 잡아 수맥탐사를 하였다. 탐사를 해보니 2층에서 2줄기 수맥이 지나는 곳이 부인이 기거하는 자리였다. 의뢰인께서 부인은 오랜 세월 동안 병원을 다니면서 치료를 받고 있다고 털어놓는다.

이야기인즉슨 깊은 이야기는 안 하지만 정신적으로 많이 쇠약해진 것 같고, 여러 가지로 많이 힘든 것 같다. 의뢰인은 부인의 자리에 수맥차단을 의뢰하여서 수맥차단을 함께 하였다. 그리고 얼마 전에 의뢰인과 모임에서 만남을 가졌다. 의뢰인께서 부인이 많이 좋아진 것 같다고 하시면서 부인이 수맥차단 전에는 코골이가 굉장히 심하였는데 지금은 조용히 잠을 잔다고 하였다. 그리고 예전에는 잠을 잘 못 잤는데 요즘은 제법 푹 자는 것 같다고 하면서 감사의 인사를 하였다. 고마운 일이다. 이렇게 호전반응이 빠르게 와서...
앞으로 더 건강해지시길 기도해본다.

23) 2023년 7월 5일

대전시 동구 삼성동 000번지, 가족은 본인, 부인 두 분이 살고 있다. 며칠 전 의뢰인께서 저녁 무렵 전화를 주셨다. 나는 전화를 받고 어머님과 함께 유등천 고수 부지로 운동을 나가려는 참이라고 했다. 의뢰인께서 삼성동 쪽에서 수침교 쪽으로 걸어서 올테니 만나자고 한다. 나는 어머니와 함께 계룡육교를 건너 유등천 고수 부지로 가서 농수산물 시장 방향으로 가다가 중간에 의뢰인을 만나 함께 오정동 시장 방향으로 걸었다.

의뢰인께서 힘이 하나도 없이 어깨가 축 처져서 어려운 이야기를 한다. 의뢰인은 폐섬유화 증상으로 폐가 점점 굳어지는 병으로 좋아질 수 없다고 한다. 부인은 공황장애로 병원치료와 약을 병행한다고 말하면서 한숨만 내쉰다. 어머님, 의뢰인, 나는 많은 대화를 했다. 지금은 대전 성모병원에서 치료를 받고 더 나아질 수는 없고 폐가 굳는 속도를 조금씩 늦추는 방법으로 약을 쓰고 있다고 한다. 그러면서 얼마 살지 못한다고 체념하신 듯 이야기 한다.

참 답답한 노릇이다. 차라리 황반변성은 내가 겪어 보았기 때문에 치료가 가능한데 이 분야는 도대체 처음 들어보는 병명이고 난감하기만 하다. 그렇지만 그냥 손놓고 있기는 아쉽고 해서 의뢰인께 전화를 드리고 댁으로 방문하여 수맥에 대한 이야기를 하고 수맥탐사를 권하였다. 의뢰인께서는 흔쾌히 수맥탐사를 부탁하셨다. 그런데 이게 웬일인가 큰 수맥이 3줄기가 안방과 서재에 겹쳐서 흐르는 것이 아닌가. 나는 너무나 놀라서 의뢰인께 이야기를 하고 수맥차단을 권유했다.

다행히도 수맥차단을 하고 한 달 후 성모병원에 검진을 갔는데 주치의가 의뢰인에게 정말 다행이라고 이야기했다고 한다. 이야기인즉 폐섬유화증은 가장 위험한 것이 백혈구 수치가 떨어지는 현상이 계속 발생이 되었는데 수맥차단 후 백혈구 수치가 정상으로 돌아왔다고 한다. 얼마나 다행한 일인가! 그래도 효과가 있다는 것이 증명이 되었다. 2024년 1월 말에 서울 아산병원으로 종합검진을 받으러 간다고 해서 전화 통화를 하면서 격려했다. 6월 말에 만났을 때 전반적으로 양호한 상태로 잠도 잘 주무신다고 했다.

※ 폐섬유화증상 : 호흡곤란과 기침, 청색증(저탄소증에 의해 입술주변이 파랗게 질리는 현상), 곤봉증(만성적인 저탄소증에 의해 손가락끝이 둥글게 되는 현상) 등이 나타나는 현상

24) 2024년 4월05일

세종시에 거주하는 공무원에게 다시 연락이 왔다. 지인 소개로 5년 정도 거주하는 아파트에 수맥 탐사를 했다. 큰 아이가 거주하는 작은방에 가장 큰 수맥이 2줄기 흐르고 있었다. 그래서 아마 잠도 제대로 자지 못할 것이라고 이야기 했다. 아내분은 수맥이 흐르는 안방 베란다 창문쪽에서 요를 깔고 자는데 붙박이장 쪽으로 옮겨주었다. 초등학생 아들 방이 가장 심각해서 거실로 자리를 옮겨서 자라고 했다.

3개월 전에 상담을 하고 나서 아내분이 안타깝게도 바로 암 수술한 후에 '수맥일까?' 생각이 들고 내 생각이 나서 다시 연락이 왔다. 아들이 거실보다 작은방에서 습관적으로 잠을 자다보니 실제로 잠자다 헛소리도 많이 하고 갑자기 무의식 상태에서 일어나서 거실을 걸어 다닌다고 털어놓았다.

수맥차단재를 깔아달라는 요청이다. 아들방은 수맥이 2줄기라서 침대는 5겹을 깔아야 하고 책상 아래는 3겹을 깔아야 한다고 이야기했다. 의뢰자는 약간 비싸다는 뉘앙스로 이야기하며 아내분과 상의하여 연락을 준다고 한다. 나는 그렇게 하시라고 이야기 하고 더 좋은 차단재가 있으면 그것으로 해도 되고 나한테 연락을 줘도 된다고 했다. 늘 그렇듯이 금전적인 부분이 가장 크다. 요즘 인터넷에 보면 수많은 수맥차단재가 많이 나와 있다. 하지만 검증을 통하여 사용하는 것이 좋다. 나는 26년이라는 세월을 통하여 이제품을 사용을 했고 수많은 분들의 건강을 찾아주었다.

수많은 차단재가 있지만 나는 '실비아수맥차단재'가 굉장히 좋은 차단효과가 있다고 본다. 나는 이익을 취하기 보다 나눔의 마음으로

수맥 차단을 할 뿐이다. 건강을 잃은 수많은 분들에게 꽃처럼 활짝
핀 찬란한 미래를 선물해야 하지 않을까!

빨간색이 수맥이 지나가는 자리이다

나 가 며

"진정 성공한 사람들은 거만하게 행동할 의향이 전혀 없다. 자신이 남보다 잘난 것이 아니라 운이 더 좋을 뿐이라고 여기기 때문이다. 이들은 자기 직무가 관리라고 생각한다. 관리란 모든 사란의 최대 이익을 위해 자신의 영향력을 행사하는 책무를 말한다." 데이비드 호킨스

1998년도에 수맥 공부를 시작했고 그동안 수백 명을 컨설팅하면서, 수맥으로 인한 질병을 회복시킨 사례를 가지고 있다. 건강을 잃었던 분들이 건강을 찾게 만들었다. 힐링과 기쁨의 순간을 겪으면서 나의 의지는 세상을 밝고 이롭게 하는 것이라는 것을 확인한다.

수맥 공부를 할수록 점점 더 겸손해졌다. 우리 사회의 정직성에 보탬이 되도록 나의 말과 행동을 조심해 왔다. 여러 가지 역경을 지나오면서 무언가를 바꿀 수 있는 가장 쉬운 방법은 바로 나의 관점, 세상을 바라보는 나의 생각을 긍정이라는 창문으로 바꾸는 것이라는 것을 깨달았다. 스스로 어떻게 삶을 걸어가는지 선명한 의식을 가져야 한다.

나의 어머니에게 감사드릴 것이 많고도 많지만 성장기에 아버지와 화목한 모습을 보여주셨다는 것과, 불시에 혼자가 되셨을 때도 부드럽지만 강건하여, 나의 자아존중감의 형성에 든든한 버팀목이 되어주셨다. 그래서 불확실성이 지배하는 세상에 나는 오롯한 존재로서 아름답게 빛을 발하겠다는 진정성으로 고난과 시련을 수월하게 지나왔다.

어머니에게 물려받은 인간에 대한 단단한 믿음이 실패도 좌절도 두려움 없이 담담히 받아들이고 지나왔다. "모든 문제는 기회의 씨앗을 품고 있다"는 구절을 읽은 적이 있다.

이 책의 목표는 생명력 가득한 비전을 전달하는 것이다. 나는 모든 사람들이 치유되고 행복하도록 기여하고 싶다. 나를 치유하고 사람을 치유하고 세상을 치유하며 공동선을 향해 걸어가는 것이다.

내가 만든 이 자료가 근거가 돼서 내가 아직 만나지 않은 "난치병으로 고통을 받는" 분들이 새로운 생명을 얻기를 바란다.

현실이 중요한 것이 아니라 현실을 대하는 자신의 태도가 중요하다는 것을 알기에, 자신만의 몸짓으로 자신만의 철학으로 살아가는 모든 사람들을 응원한다. 건강한 몸과 건강한 정신으로 자유의지로 살아가려면, 자신이 위치하고 점유하는 공간을 한번 체크 해 보시길 권한다.

살아있는 자리를 잘 찾아서 먼저 웃음 한번 웃고 신나고 재미있다는 신념을 선택하면서 삶의 불확실성 안에서 조화와 균형이 작동하는 삶을 펼치시길 바란다.

이력사항

2000년 7월 원양건설(주) 대표이사 취임 (2000년 7월 22일)

2009년 7월 주원테크설립 (2009년 7월 15일)

2015년 8월 충남대학교 대학원 건축공학과 공학박사 학위 취득 (2015년 8월 25일)

2016년 8월 대한민국산업현장교수위촉 (2016~2022)

2018년 9월 충남대학교 건설공학과 겸임교수

1999년 4월 대전광역시 지방기능경기대회 가구 심사위원 위촉

2000년 4월 대전광역시 지방기능경기대회 창호 심사위원 위촉

2003년 4월 대전광역시 지방기능경기대회 타일 심사위원 위촉

2006년 4월 대전광역시 지방기능경기대회 가구 심사위원 위촉

2006년 9월 전국기능경기대회 미장직종 심사위원 위촉

2006년 11월 국제기능올림픽대회 후보선수평가경기 미장직종 심사위원 위촉

2007년 9월 전국기능경기대회 건축제도/CAD 직종 심사위원 위촉

2009년 4월 대전광역시 지방기능경기대회 실내장식 심사위원 위촉

2009년 5월 캐나다 캘거리 제40회 국제기능올림픽대회 미장직종 국제심사위원 위촉

2009년 9월 전국기능경기대회 미장직종 심사위원 위촉

2010년 11월 제41회 영국 국제기능올림픽대회 국가대표선발 제1차/제2차/제3차 평가경기 미장직종심사장 위촉

2011년 2월 영국 런던 제41회 국제기능올림픽대회 미장직종 국제심사위원 위촉

2012년 7월 제47회 전국기능경기대회 미장직종 심사장 위촉

2012년 11월 제42회 국제기능올림픽대회 국가대표선발 제2차 평가경기 미장직종 심사장 위촉

2012년 12월 독일 라이프치히 제42회 국제기능올림픽대회 미장직종 국제심사위원 위촉

2012년 1월~2020년 12월 세무직무분야별전문위원회(건축습식시공 분야) 위원 위촉

2013년 7월 제48회 전국기능경기대회 미장직종 심사장 위촉

2013년9월 건설기능경기대회 미장 직종 심사위원 위촉

2014년8월 전국기능경기대회 미장직종 심사장 위촉

2014년11월 제43회 국제기능올림픽대회 국가대표선발 제1차/제2차 평가경기
미장직종 심사장 위촉

2015년1월 브라질 상파올루 제43회 국제기능올림픽대회 미장직종 국제심사위원 위촉

2016년3월 전국기능경기대회 미장직종 심사장 위촉

2016년10월 제44회 아부다비 국제기능올림픽대회 대표선발 제1차_제2차 평가경기
미장직종 심사장 위촉

2017년2월 UAE 아부다비 제44회 국제기능올림픽대회 미장직종 국제심사위원 위촉

2018년4월 국제기능올림픽대회 한국위원회 미장직종 국제지도위원 위촉

2018년4월 국제기능올림픽대회 한국위원회 미장직종 심사장 위촉

2018년12월 제45회 국제기능올림픽대회 국가대표선발 제2차 평가경기 미장직종 심사장 위촉

2019년5월 대전광역시 건설기술심의위원회 위원 위촉

2019년5월 대전광역시 공동주택품질검수단 위원 위촉

2019년8월 러시아 카잔 제45회 국제기능올림픽대회 미장직종 국제심사위원 위촉

2020년2월 프랑스 보르도 제46회 국제기능올림픽 특별대회 제지도위원(심사위원) 위촉
(2020.2.3~2023.2.26.)

2020년6월 건설기준전문위원회위원 위촉

2020년10월 민주평화통일 자문회의 자문위원 위촉

2021년1월 국가기술자격 정책심의위원회 세부직무분야별전문위원회
(건축습식시공분야)위원위촉

2021년5월 대전광역시 건설기술심의위원회 위원위촉 (2021.5.1.~2023.4.30.)

2021년3월 대전광역시 공동주택품질점검단 위원위촉 (2022.3.21.~2024.3.21.)

2021년5월 대전광역시 건설기술심의위원회 위원위촉 (2021.5.1.~2023.4.30.)

2022년3월 대전광역시 건축위원회 위원위촉 (2022.3.28.~2025.3.27.)

2024년1월1일국가기술자격정책심의위원회 세부직무분야별전문위원회
(건축습식시공분야)위원위촉

2024년4월대전광역시 공동주택품질점검단(2기)위촉 (2024.4.1.~2026.3.31.)

수상경력

1. 대통령 산업포장 2012 이명박 (2012년3월)

2. 대통령 표창 2018 문재인 (2018년5월)

3. 고용노동부장관 표창장 (2013년12월)

4. 대전광역시장 표창장 (2016년12월, 2018년12월, 2023년12월)

5. 대전광역시장 감사패 (2010년12월)

6. [Happy스쿨! 대전교육사랑운동]과 교육기부 활동 대전시 교육감 표창장
(2012년2월)

7. 대전노동청장 표창장 (2010년4월, 2013년4월)

8. 대전교도소장 감사패 (1999년6월)

9. 대전 · 충남지방병무청장 감사패 (2007년4월)

10. 국제기능올림픽대회 한국위원회 상장 (2013년10월, 2013년10월)

11. 대한전문건설협회장 공로패 (2009년3월, 2015년1월)

12. 대한전문건설협회 대전광역시회 공로패 (2017년10월)

13. (사) 환경건설순환자원학회 기술상 (2015년11월)

14. (사)국제기능올림픽선수협회 공로상 (2014년8월, 2016년1월)

참고문헌

https://landandspirit.net/geomancy-articles/history-geopathic-stress-research/

http://www.positiveenergy.ie/history-of-geopathic-stress

Kirschvink, J. L., Evans, T. A., & Jones, D. L. (2006). The influence of the Earth's magnetic field on groundwater. Earth and Planetary Science Letters, 246(3-4), 309-318.

김웅빈,방연상,송기원 「생명과학, 신에게 도전하다」, 동아시아, 2017.

김웅빈 「온통, 미생물 세상입니다: 연세대 최우수 강의 교수가 들려주는 미생물학 강의」, 연세대학교 대학출판문화원, 2021.

네이선 울프(강주헌 옮김) 「바이러스 폭풍의 시대」, 김영사, 2015.

Neil McKinney(유명길 이수연 임지영 옮김) 「자연요법 종양학: 환자와 의사를 위한 암치료 백과사전」, 한솔의학, 2021.

데일 브레드슨(박준형 옮김) 「알츠하이머의 종말젊고 건강한 뇌를 만드는 36가지 솔루션」, 토네이도, 2018.

데일 브레드슨(권승원,이지은,이한결 옮김) 「알츠하이머병 종식을 위한 프로그램인지기능을 향상, 회복시킬 수 있는 최초의 프로토콜」, 청홍, 2022.

루이스 헤이(강나은 옮김) 「나를 치유하는 생각」, 미래시간, 2014.

매트 리들리(신좌섭 옮김) 「이타적 유전자」, 사이언스북스, 2001.

샤론 모알렘(김소영 옮김) 「아파야 산다: 인간의 질병·진화·건강의 놀라운 삼각관계」, 김영사, 2010.

싯다르타 무케르지(이한음 옮김) 「세포의 노래」, 까치, 2024.

우쓰노미야 미스아키(성백희 옮김) 「햇빛을 쬐면 의사가 필요없다」, 전나무숲, 2022.

안데스 에릭슨, 로버트 풀(강혜정 옮김) 「1만 시간의 재발견: 노력은 왜 우리를 배신하는가」,비즈니스북스, 2016.

안드레아스 모리츠(정진근 옮김) 「햇빛의 선물」, 에디터, 2016.

엘리에저 J. 스턴버그(조성숙 옮김) 「뇌가 지어낸 모든 세계」, 다산사이언스, 2019.

이찬휘,허두영,강지희 「차라투스트라는 이렇게 아팠다 : 위인들의 질환은 세계를 어떻게 바꾸었나」, 들녘, 2023

전주홍 「역사가 묻고 생명과학이 답하다」, 지상의책(갈매나무), 2023.

찰스 S. 코켈(노승영 옮김) 「생명의 물리학: 진화를 빚어내는 물리 법칙을 찾아서」, 열린책들, 2021.

호리 야스노리(김서연 옮김) 「모든 병은 몸속 정전기가 원인이다」, 전나무숲, 2013.

폴 A. 오핏(서민아 역) 「대체의학을 믿으시나요? 자연치료라는 달콤한 거짓말」, 필로소픽, 2017.

클린턴 오버, 마틴 주커, 스티븐 시나트라(김연주 옮김) 「어싱 : 땅과의 접촉이 치유한다」, 히어나우시스템, 2011.

한스 로슬링 외(이창신 옮김) 「팩트풀니스Factfulness」, 김영사,2019.

수맥 네비게이션

초판 1쇄 인쇄 2024년 07월 15일
초판 1쇄 발행 2024년 07월 22일
초판 2쇄 발행 2025년 02월 25일

지은이 송재승

ISBN 979-11-88629-20-6